U0541266

中国—中东欧国家智库交流与合作网络
中国—中东欧国家合作秘书处办公室
中国社会科学院欧洲研究所

中国—中东欧国家合作进展与评估报告

（2012—2020）

CHINA-CEEC

A Review of the Cooperation between China and
Central and Eastern European Countries （2012—2020）

主编 吴白乙 霍玉珍 刘作奎

中国社会科学出版社

图书在版编目（CIP）数据

中国—中东欧国家合作进展与评估报告.2012—2020／吴白乙，霍玉珍，刘作奎主编.—北京：中国社会科学出版社，2020.10

ISBN 978-7-5203-6591-8

Ⅰ.①中… Ⅱ.①吴…②霍…③刘… Ⅲ.①国际合作—研究—中国、东欧 Ⅳ.①D822.351

中国版本图书馆 CIP 数据核字（2020）第 092838 号

出 版 人	赵剑英
责任编辑	范晨星
责任校对	韩天炜
责任印制	王 超

出　　版	中国社会科学出版社
社　　址	北京鼓楼西大街甲 158 号
邮　　编	100720
网　　址	http://www.csspw.cn
发 行 部	010-84083685
门 市 部	010-84029450
经　　销	新华书店及其他书店

印刷装订	北京君升印刷有限公司
版　　次	2020 年 10 月第 1 版
印　　次	2020 年 10 月第 1 次印刷

开　　本	710×1000　1/16
印　　张	14.5
插　　页	2
字　　数	183 千字
定　　价	99.00 元

凡购买中国社会科学出版社图书，如有质量问题请与本社营销中心联系调换
电话：010-84083683
版权所有　侵权必究

编委会

（按姓氏笔画）

马骏驰	马 赛	田德文	白依维	曲 岩
吕 妍	刘作奎	刘晓梅	刘海云	吴白乙
吴佳岳	陈 巧	陈思杨	陈慧雅	林温霜
姜 琍	洪羽青	贺之杲	高晓川	韩 萌
霍玉珍	鞠维伟	鞠 豪		

目录

第一部分 "中国—中东欧国家合作"成果总结（2012—2020 年） ………… (1)

  一　高层交往指引方向 ………………… (1)
  二　完善机制保驾护航 ………………… (3)
  三　经贸合作成果显著 ………………… (5)
  四　互联互通惠及各方 ………………… (6)
  五　农林合作绿色发展 ………………… (8)
  六　资金融通有力支撑 ………………… (10)
  七　央地合作"双轮驱动" ……………… (13)
  八　多元企业联动发展 ………………… (15)
  九　科教文卫成果丰硕 ………………… (16)
  十　人文交流异彩纷呈 ………………… (23)

第二部分 中国—中东欧国家合作具体进展分析 ………… (25)

  第一章　中国—中东欧国家合作推动区域合作的发展 ………… (27)

第二章　中国—中东欧国家合作助推中欧关系
　　　　全面协调发展……………………………（41）

第三部分　国别报告……………………………（55）

阿尔巴尼亚 ……………………………………（56）

波黑 ……………………………………………（66）

保加利亚 ………………………………………（73）

克罗地亚 ………………………………………（85）

捷克 ……………………………………………（93）

爱沙尼亚 ………………………………………（104）

希腊 ……………………………………………（113）

匈牙利 …………………………………………（122）

拉脱维亚 ………………………………………（130）

立陶宛 …………………………………………（139）

黑山 ……………………………………………（146）

北马其顿 ………………………………………（159）

波兰 ……………………………………………（164）

罗马尼亚 ………………………………………（173）

塞尔维亚 ………………………………………（181）

斯洛伐克 ………………………………………（192）

斯洛文尼亚 ……………………………………（199）

**附表　中国对中东欧部分投资或合作项目成果列表
　　　（截至2019年）**……………………………（205）

第一部分

"中国—中东欧国家合作"成果总结
（2012—2020 年）

中国—中东欧国家合作于 2012 年启动以来，有力地促进了中国与中东欧国家各领域务实合作。作为跨区域合作的典范，中国—中东欧国家合作推动了高层互访交流，建立了众多合作平台，推动了经贸投资高效发展，基建、农业、创新科技、金融服务、地方合作、人文交流等诸多领域取得一系列成果，引起广泛关注。梳理中国—中东欧国家合作建立以来的成果，有助于提振各方信心，推动务实合作走向深入。

一 高层交往指引方向

中国—中东欧国家合作框架建立后，中国领导人高度关注中东欧地区，频频访问该区域，中东欧国家高层也从推动合作的角度出发，频频访问中国，高层经常接触，提升了战略合作共识，规划出了未来合作蓝图。2015年苏州会晤期间，习近平主席在北京接待了来访的中东欧国家领导人。2016年，习近平主席分别访问捷克、塞尔维亚、波兰三国，与三国缔结或提升了战略伙伴关系。2019年习近平主席访问希腊，进一步提升了双边合作水平。中东欧国家政要也借着"一带一路"国际合作高峰论坛、中国国际进口博览会、达沃斯论坛等访问中国。首届"一带一路"国际合作高峰论坛于2017年在北京举行，37个国家的元首、政府首脑出席了论坛圆桌峰会，捷克总统泽曼、匈牙利总理欧尔班、波兰总理谢德沃、塞尔维亚总理武契奇、希腊总理齐普拉斯5位中东欧等国家领导人出席。在2019年举办的第二届"一带一路"国际合作高峰论坛上，捷克总统泽曼、塞尔维亚总统武契奇、希腊总理齐普拉斯、匈牙利总理欧尔班4位中东欧等国家领导人出席。2018年首届中国国际进口博览会上，捷克总统泽曼、立陶宛总统格里包斯凯特、克罗地亚总理普连科维奇、匈牙利总理欧尔班4位中东欧国家领导人出席博览会。2019年的第二届中国国际进口博览会上，希腊总理米佐塔基斯、塞尔维亚总理布尔纳比奇出席。在2018年夏季达沃斯论坛上，习近平主席会见来华参会的拉脱维亚总统韦约尼斯、爱沙尼亚总统卡留莱德、塞尔维亚总统武契奇。

中国—中东欧国家领导人会晤（总理级）自2012年以来至今共举办8次，中国同中东欧各国领导人分别在波兰华沙、罗马尼亚布加勒斯特、塞尔维亚贝尔格莱德、中国苏州、拉脱维亚里加、匈牙利布达佩斯、保加利亚索非亚和克罗地亚杜布罗夫尼克举行了集体和双边会晤。领导人会晤为中国—中东欧国家合作梳理了上一阶段的合作成果，规划了下一阶段具体行动内容和方向。更重要的是，通过会晤，中东欧国家领导人有机会同中国领导人面对面交流，提出具体的合作诉求，有助于在中国和中东欧国家务实合作上形成重要共识，进一步推动合作高质量发展。

8年间，中国和中东欧国家通过举行多个双边的领导人会晤，提升了合作水平。8年当中，以中欧关系为引领，中国和中东欧国家合作内容不断丰富，以8届峰会形成的纲要和中期合作规划为具体指南，合作持续走向深入。

二　完善机制保驾护航

中国—中东欧国家合作从无到有、从初创到优化完善，是一个不断追求创新的过程。经过8年的摸索，领导人会晤、国家协调员会议。以及各领域的部长级会晤的举行，为丰富和完善中国—中东欧国家合作夯实了基础。中国—中东欧国家合作秘书处的建立以及中国—中东欧国家合作事务特别代表的设立丰富和完善了合作的协调机制。中央和地方的"双轮驱动"为中国—中东欧国家合作持续蓄能。设立的一系列专业性机制尊重了中东欧国家的多样性、差异性，推动中国—中东欧国家合作朝着普惠和务实方向发展（见表1）。目前，各种专业化网络、中心大部分设有秘书处，积极做深务实合作。中国—中东欧国家合作是中欧关系发展40多年来前所未有的制度创新，受到国内外的广泛关注。

表 1　　　中国—中东欧国家合作框架下部分
已建成或筹建的各领域合作平台（共 37 个）

进展情况	各领域协调机制或平台名称	秘书处所在地
已建成平台	中国—中东欧国家投资促进机构联系机制	波兰
	中国—中东欧国家联合商会	波兰（执行机构）、中国（秘书处）
	中国—中东欧国家中小企业联合会	克罗地亚
	中国—中东欧国家农业合作促进联合会	保加利亚
	中国—中东欧国家旅游促进机构和旅游企业联合会	匈牙利
	中国—中东欧国家高校联合会	轮值
	中国—中东欧国家地方省州长联合会	捷克
	中国—中东欧国家交通基础设施合作联合会	塞尔维亚
	中国—中东欧国家物流合作联合会	拉脱维亚
	中国—中东欧国家能源项目对话与合作中心	罗马尼亚
	中国—中东欧国家智库交流与合作网络	中国
	中国—中东欧国家林业合作协调机制	斯洛文尼亚
	中国—中东欧国家虚拟技术转移中心	中国、斯洛伐克
	中国—中东欧国家文化协调中心	北马其顿
	中国—中东欧国家卫生合作促进联合会	中国
	中国—中东欧国家医院联盟	中国
	中国—中东欧国家海事和内河航运联合会	波兰
	中国—中东欧国家银联体	中国（秘书处）、匈牙利（协调中心）

续表

进展情况	各领域协调机制或平台名称	秘书处所在地
已建成平台	中国—中东欧国家舞蹈文化艺术联盟	保加利亚
	中国—中东欧国家农产品电子商务物流中心	中国
	中国—中东欧国家兽医科学合作中心	波黑
	中国—中东欧国家环保合作机制	黑山
	中国—中东欧国家音乐院校联盟	中国
	中国—中东欧国家艺术创作与研究中心	中国
	中国—中东欧国家出版联盟	中国
	中国—中东欧国家金融科技协调中心	立陶宛
	中国—中东欧国家青年艺术人才培训和实践中心	中国
	中国—中东欧国家文创产业交流合作中心	中国
	中国—中东欧国家全球伙伴中心	保加利亚
	中国—中东欧国家图书馆联盟	中国
筹建中平台	中国—中东欧国家青年发展中心	阿尔巴尼亚
	中国—中东欧国家海关信息中心	匈牙利
	中国—中东欧国家体育协调机制	待定
	中国—中东欧国家信息通信技术协调机制	克罗地亚
	中国—中东欧国家创意中心	黑山
	中国—中东欧国家女性创业网络	罗马尼亚

资料来源：据历次中国—中东欧国家领导人会晤发布的纲要内容整理。

三 经贸合作成果显著

在中国—中东欧国家合作的推动下，8年来中国同中东欧国家贸易额增长明显。经贸合作增长主要体现在实际贸易的增长以及贸易额在中欧贸易占比的提升。根据中国海关公布数据显示，2012年，中国同中东欧17国贸易总额为560.8亿美元，2019年，中国同中东欧17国贸易额达到了954.5亿美元，同比增长6.91%，七年来增长70.20%。但也应看到，由于中东欧国家经济规模相对有限，加上地理因素和产业布局等，中国同中东欧国家贸易占比相对较低。2012年，中国同中东欧17国贸易额仅占我国对外贸易总额的1.45%，占我国对欧贸易额的7.68%。此后7年，中东欧国家在我国对外贸易的占比逐步上升，到了2019年，中国同中东欧等17国贸易额分别占我国对外贸易和对欧贸易的2.09%与12.81%，虽然份额依旧偏低，但占比逐年扩大。①

中国对中东欧国家的投资也获得极大发展（见后附具体投资项目清单），2014年中国对中东欧17国的投资是30亿美元，2018年，中国对中东欧17国的投资超过100亿美元，17国对华投资也累计超过15亿美元。匈塞铁路、中欧陆海快线、黑山南北高速公路、塞尔维亚斯梅代雷沃钢厂、波黑斯坦纳里火电站、克罗地亚佩列沙茨大桥等都成为重要的示范性项目。

四 互联互通惠及各方

8年来，中国和中东欧国家的互联互通取得明显进展，

---

① 据中华人民共和国商务部欧洲司网站数据统计，详见http://ozs.mofcom.gov.cn/article/zojmgx/date/。

"海陆空"齐头并进，促进了中国和中东欧等17个国家的友好往来和民心相通。中国还积极利用中东欧的地理优势，推动同欧盟互联互通项目的对接。

中国与中东欧国家致力于共同打造海陆联运通道。中欧陆海快线建设正在中东欧地区稳步推进，启动了匈塞铁路项目，项目的塞尔维亚路段已于2017年正式动工，匈牙利段的建设工作于2020年5月签署项目承包合同。匈塞铁路项目作为中国—中东欧国家合作的重要项目之一，自提出以来就受到各方的重视和响应。该线路联通希腊的比雷埃夫斯港口、巴尔干国家以及中欧，有效促进中欧之间的互联互通。2019年11月，习近平主席访问希腊，积极评价比雷埃夫斯港投资项目在中欧陆海快线建设中发挥的作用。除了综合性项目，还有一些具体项目对打造当地海上互联互通发挥积极作用，比如中国企业承建的克罗地亚佩列沙茨大桥项目，这也是中国企业承接的第一个由欧盟融资、在欧盟国家承建的大桥项目。

陆上互联互通方面，中欧班列具有示范意义。截至2019年，国内开行中欧班列的城市已经超过50个，到达欧洲15个国家43个城市。重庆、成都、郑州、西安等主要城市开往欧洲的班列基本实现"去一回一"，重箱率保持在85%以上。捷克、波兰、匈牙利成为中欧班列重要的联运枢纽和中欧进出口商品双向流通集散中心。在中东欧国家内部，中国企业也积极承建一系列重要的陆上互联互通项目，如黑山南北高速公路、北马其顿高速公路、塞尔维亚和波黑高速公路等，推进了本地区的互联互通。中国还加强同欧盟在互联互通领域的合作，推动"一带一路"倡议同欧盟的互联互通计划相对接。2015年6月第17次中欧领导人会晤期间，中欧签署《关于建立中国与欧盟互联互通平台的谅解备忘录》，正式启动中欧互联互通平台合作。

空中丝绸之路建设不断发力。国航、南航、东航等中国航空公司都在加大对"一带一路"国家市场的运力投放，与"一带一路"沿线国家签订多个双边航空运输协定。截至2017年年底，我国与其他国家或地区签订双边航空运输协定122个，比上年年底增加2个（巴拿马、斯洛文尼亚），其中亚洲有44个（含东盟），非洲有24个，欧洲有37个，美洲有10个，大洋洲有7个。①其中，中国与中东欧国家之间新开6条直航航线，这些航线的开通便利了双方的合作与友好往来，更促进了旅游等产业的发展。包括德国汉莎、土耳其航空、波兰航空等国际航空公司也积极打造中欧互联互通空中走廊建设。

五 农林合作绿色发展

根据中东欧国家的自然和农业资源禀赋，中国与中东欧国家积极开展农林领域合作，致力于推动绿色发展。双方在中国—中东欧国家合作框架下建立专门的农业和林业合作机制，通过高级别部长会议、专业论坛、投资技术合作、产品展示等多领域对接合作，推动农林合作。

---

① http://www.icscc.org.cn/upload/file/20190225/20190225165752_21488.pdf.

中国和中东欧国家农业合作良好，基础深厚。2012—2019年，中国—中东欧农产品贸易额从10.66亿美元增长到14.58亿美元，年均增长4.58%。其中进口额从3.18亿美元增长到6.02亿美元，出口额从7.48亿美元增长到8.56亿美元，进口额年均增长率为9.57%，出口额年均增长1.94%，进口额增速远大于出口额。中国农产品贸易额顺差呈下降趋势，从2012年的4.30亿美元下降到2019年的2.54亿美元。有越来越多的中东欧国家农产品通过中欧班列、航空运输、电商平台等摆上中国百姓的餐桌。2012—2019年，中国在中东欧投资农业的企业从2家增长到10家，投资存量约2亿美元。[①] 中国对中东欧国家的农业投资规模虽小，但投资领域丰富，涉及种植、加工、贸易物流等产业链环节。

中国—中东欧国家农业合作机制始于2006年，2012年中国—中东欧国家合作机制启动后，农业合作成为该框架下最早确立的机制之一。2020年是"中国—中东欧国家农业多元合作年"，这是中国—中东欧国家合作首次聚焦农业。中国与中东欧国家建立了多层次农业合作机制，包括"中国—中东欧国家农业合作促进"机制、双边农业部间合作机制、农业科技合作机制等。中国—中东欧国家农业部长会议和中国—中东欧国家农业经贸合作论坛已成为中国—中东欧国家合作重要品牌活动。中国与中东欧一些国家在农业科技领域建立了合作机制，并开展了一系列合作项目，重点在农业生产、育种技术、农产品加工技术、搭建共享农业信息平台、科技

---

① 贸易数据来源于中国海关统计数据，投资数据来源于农业农村部企业对外农业投资信息采集系统。

成果推广和人才交流与联合培养等领域开展了大量合作。中东欧国家特色农产品种类多，质量较高，绿色、生态和有机产品尤其具有竞争力，因其符合欧盟标准，尤其是绿色标准而备受中国消费者欢迎。在首届中国国际进口博览会上，中东欧国家农产品占农业领域展品的一半以上。葡萄酒、蜂蜜是中东欧国家共同的优势农产品，17国对华均有葡萄酒出口。

2016年5月，在斯洛文尼亚卢布尔雅那召开的首届中国—中东欧国家林业合作高级别会议上，林业合作协调机制正式启动。中国—中东欧国家林业合作协调机制在高级别会议（林业部长级会议）的指导下，由联络小组讨论确定具体工作计划，由秘书处（设在斯洛文尼亚农林食品部）负责中东欧国家的协调，与中国对接，在行政管理、科研和教育及产业投资层面开展合作。此后，双方在推进可持续和多功能森林经营、保护湿地和野生动物、发展绿色经济和生态文化方面加强了合作，共同致力于落实《联合国：2030可持续发展议程》，尤其是在《行动计划》中设立的森林可持续经营的目标。双方还加强了林业科学研究合作，推动多层次人才交流。目前，中国和中东欧国家共召开两次高级别会议和三次联络小组会议以及一次林业科研教育合作国际会议。

六　资金融通有力支撑

中国和中东欧国家的金融合作形式多元、内容丰富，为中国—中东欧国家合作提供了有力支撑。

首先，中方发起或联合推动设立一系列金融合作工具。

2012年中国—中东欧国家合作框架建立时设立总额100亿美元的专项贷款并配备一定比例的优惠贷款，重点用于双方在基础设施建设、高新技术、绿色经济等领域的项目。2013年中国—中东欧投资合作基金正式投入运营，目前已运营两期，一期最终封闭金额为4.35亿美元，二期第一部分的封闭金额为8亿美元，2018年，中国—中东欧投资合作基金（二期）宣布计划募集10亿美元。2016年中国—中东欧金融控股有限公司成立，推动资金融通。

其次，中国和中东欧国家金融机构开展多种合作。波兰、匈牙利、罗马尼亚加入了由中国发起的亚洲基础设施投资银行，其中波兰是创始成员国之一。中国银行、中国工商银行、中国建设银行陆续在波兰、匈牙利、捷克、塞尔维亚、罗马尼亚等中东欧国家建立起分支机构，截至2019年年底，它们在中东欧国家成立了11家分支机构（见表2）。2017年10月，匈牙利储蓄商业银行在北京设立代表处。2017年11月，中国—中东欧银联体正式成立。银联体目前有14家成员行，中国国家开发银行是中国—中东欧银联体的倡议提出者，将在5年内向成员提供20亿等值欧元开发性金融合作贷款，为重点项目提供融资支持，引导资金投入各国经济发展的薄弱环节和瓶颈领域，例如基础设施、电力、电信、园区、农业、高新科技等。2018年7月发布的《中国—中东欧国家合作索非亚纲要》提出，各方支持立陶宛成立中国—中东欧国家金融科技协调中心，2019年在立陶宛举办了中国—中东欧国家高级别金融科技论坛。

表2　　　　　　　　　中资银行在中东欧设立机构情况

银行名称	当地机构	设立时间
中国银行	中国银行（匈牙利）有限公司	2003年2月
	中国银行（卢森堡）有限公司波兰分行	2012年6月
	中国银行匈牙利分行	2014年12月
	中国银行（匈牙利）布拉格分行	2015年8月
	中国银行（塞尔维亚）有限公司	2017年1月
	中国银行希腊分行	2019年11月
	中国银行布加勒斯特分行	2019年12月
中国工商银行	中国工商银行华沙分行	2012年11月
	中国工商银行布拉格分行	2017年9月
中国建设银行	中国建设银行华沙分行	2017年5月
交通银行	交通银行布拉格分行	2019年5月

资料来源：课题组根据媒体公布的信息整理。

最后，中国与中东欧国家开展了多种形式的货币合作。中国已经与匈牙利、阿尔巴尼亚、塞尔维亚三个中东欧国家签署货币互换协议，并在协议到期后与匈牙利续签，总互换规模达到400亿元人民币（见表3）。2015年6月，中国人民银行与匈牙利央行签署在匈牙利建立人民币清算安排备忘录，经中国人民银行授权，中国银行匈牙利分行担任匈牙利人民币业务清算行，成为中国在中东欧地区设立的第一家人民币清算行。2016年，中东欧地区最大银行之一的裕信银行匈牙利子行将人民币账户由中国香港转至中行匈牙利分行，其相应的人民币清算服务改由中行匈牙利分行提供。中国银行（匈牙利）有限公司还于2017年推出银联匈牙利福林、人民币双币借记卡，这是中行首次在欧洲地区发行人民币银行卡。2016年6月20日，中国银行与波兰财政部签署熊猫债发行合作备忘录，本次发行熊猫债是波兰政府第一次发行人民币计价国债,也是欧洲首个主权国家进入中国大陆市场发行熊猫债。2016 年,匈牙利国家债务管理中心委托中行匈牙利分行在香港发行 10 亿元人民币点心债,是中东欧地区第一只人民币债券。2017 年,匈牙利在中国银行间债券市场发行 10 亿元人民币熊猫债。

表3　　　　　中国与各国签署货币互换协议情况

签约方	签约时间	流动性支持规模	有效期	备注
匈牙利央行	2013 年	100 亿人民币/3750 亿匈牙利福林	三年	
匈牙利央行	2016 年	100 亿人民币/3750 亿匈牙利福林	三年	续约
阿尔巴尼亚央行	2013 年	20 亿人民币/358 亿阿尔巴尼亚列克	三年	
塞尔维亚央行	2016 年	15 亿人民币/270 亿塞尔维亚第纳尔	三年	
匈牙利央行	2020 年	200 亿人民币	三年	续约

资料来源:课题组根据媒体公布的信息整理。

七　央地合作"双轮驱动"

以"央地联动"推动双边关系发展,在历史上有过尝试,上海市和河北省都曾经在历史上书写过重要一笔,中国和中东欧国家熟知的中波轮船股份有限公司[①]、"中捷友谊农场"[②] 等都书写了合作的新篇章。

[①] 1951 年,中国和波兰两国在上海建立了新中国第一家中外合资企业——中波轮船股份有限公司,至今运转良好。
[②] 1956 年年初朱德副主席率团出访捷克斯洛伐克共和国,捷克斯洛伐克政府赠送给中国一套可耕种 10 万亩土地的 670 台件的现代化农业机械设备。同年 8 月,捷克斯洛伐克政府赠送中国全套农机设备受礼大会在河北沧县举行,用这套机械设备筹建了一个国营农场。为永久纪念中国和捷克斯洛伐克两国人民的友谊,经中国国务院批准,周恩来总理亲自命名接受这批设备的农场为"中捷友谊农场"。设计总面积为 16 万亩,1957 年建成投产。而直到今天,升格的中捷产业园仍在推动双边合作上发挥积极作用,也推动着整个河北省积极参与中国—中东欧国家合作。

承接历史，中国—中东欧国家合作继续推动中央和地方的"双轮驱动"，多个地方政府以前所未有的热情参与到同中东欧国家合作中来。推动地方合作是对中东欧国家多样性和多元化的尊重和体现。通过地方合作，中国与中东欧国家可以寻找到更多精准合作的领域。同时，这种合作也不排斥地区之间合作和第三方合作，比如四川对罗兹，长沙对布达佩斯等，由于欧洲大陆互联互通紧密，杜伊斯堡、阿姆斯特丹作为重要的合作对象被纳入进来。中欧班列就是中国和中东欧地方合作最具典型性的体现，通过地方城市之间的精准对接，班列实现了点对点的合作，通过地方合作串联起经贸和物流线路，促进经贸往来。

中央和地方的"双轮驱动"，在配合中国—中东欧国家整体合作上发挥了重要作用。中国各地方政府为了推动地方企业"走出去"步伐，实现更高程度的国际化并提升地方的知名度和开放水平、网聚合作资源，积极参与中国—中东欧国家合作。包括浙江、辽宁、山东、河北等多个省份均出台参与中国—中东欧国家合作的具体方案并开展了具体活动。截至 2018 年 12 月 31 日，中国和中东欧 16 国共结好 173 对友城，遍布中东欧 16 国。中匈友城数量排名第一（38 对），随后是波兰（36 对）和罗马尼亚（35 对）。从 20 世纪 80 年代到 2012 年的 30 年时间里总共结好 94 对友城，而 2012 年至 2018 年这 6 年时间里总共结好 79 对。

八　多元企业联动发展

在中国—中东欧国家务实合作中，企业是重要的行为主体，也是推进落实各项具体合作项目的承担者。在中国—中东欧国家合作框架下，中国—中东欧国家联合商会、中国—中东欧国家中小企业联合会、中国—中东欧国家旅游促进机构和旅游企业联合会等专门合作机制陆续建立，为相关国家的各类企业开展交流合作提供优质的平台。在这些机制下召开的论坛、工作协调会议、产品展销、博览会等活动，切实推动中国与中东欧国家企业项目洽谈合作，产生了良好效果。例如，2019年11月在河北省沧州市召开的第二届中国—中东欧国家中小企业论坛，中外方企业共签约项目38个，总投资72.92亿元，项目涉及无人机、医疗器械、生物医药、文化教育、科技研发、技术合作、环保设备、模块化集成房屋、现代物流等领域。中国与中东欧国家都拥有众多的中小企业，为中小企业创造稳定和可预期的发展环境，帮助中小企业更好融入全球价值链，成为中国—中东欧国家中小企业合作机制的重要任务。

中国国有企业在推动与中东欧国家经贸投资合作中的作用十分重要。国有企业实力雄厚、技术过硬、海外经验较多，尤其是在装备制造业和工程建设等领域积累了丰富的经验，在中东欧地区的重要合作项目中，都能看到国有企业的身影。我国在中东欧地区落地或在建的重要项目有匈塞铁路、中欧陆海快线、斯塔纳里火电站、黑山南北高速公路、斯梅代雷沃钢厂等。中国的国有企业在项目实施中依照市场规则，高质量地进行或完成了相关项目，同时重视企业属地化管理及企业社会责任，展现了中国企业优秀形象。

众多民营企业近年来纷纷发展在中东欧国家的业务，华为公司、烟台万华集团、山东玲珑轮胎集团、阿里巴巴集团、华大基因等国内知名民营企业在中东欧地区有着重要的投资、并购项目，以浙江为代表的地方民企"抱团出海"，在中东欧地区发展投资项目。企业多元参与为中国—中东欧国家合作带来了更多的活力，助力各方务实合作的发展。

九　科教文卫成果丰硕

科技创新合作是中国—中东欧国家合作的重要内容，取得了早期收获。2018年7月发布的《中国—中东欧国家合作索非亚纲要》正式提出启动"中国—中东欧国家科技创新伙伴计划"，定期举办中国—中东欧国家创新合作大会。中国和中东欧国家开展了多次中国—中东欧国家科技创新政策对话，在科技创新政策制定和国家创新体系建设等方面开展交流与合作。2016年11月8日，在南京举行的首届中国—中东欧国家创新合作大会上，正式成立中国—中东欧国家虚拟技术转移中心。从2016年至今连续举办4届中国—中东欧国家创新合作大会，探讨中国与中东欧国家在科研成果产业化及技术转移方面的合作。目前，中国和中东欧国家根据科技合作需求，正在选择优先领域共建联合实验室或联合研究中心，集成联合研究、科技人才交流与培养等功能，搭建中国—中东欧国家长期稳定的科技创新合作平台。

中国—中东欧国家教育合作同样成果丰硕，目前已形成"中国—中东欧国家教育政策对话"和"中国—中东欧国家高校联合会"两大机制，中国和中东欧国家在校际交流合作、学历学位互认、双向留学、语言教学合作、地方合作等方面取得了一系列成果。中国已与11个中东欧国家签订了相关教育合作协议（保加利亚、捷克、拉脱维亚、匈牙利、爱沙尼亚、立陶宛、波兰、罗马尼亚、塞尔维亚、斯洛伐克、斯洛文尼亚），同9个中东欧国家签署互认高等教育学历学位协议（波兰、立陶宛、拉脱维亚、匈牙利、罗马尼亚、保加利亚、捷克、爱沙尼亚、斯洛伐克）。双方在语言教学和双向留学合作方面也成果斐然。截至2019年，中国与17国合作建立了37所孔子学院和45个孔子课堂，学员5.2万余人，同时依托孔子学院还举办了丰富多彩的文化和教育活动，参与人数达51万余人；中国与中东欧国家校际交流活跃，目前在中国共有19所高校开设了中东欧等17国家的非通用语专业，双向留学规模已经超过1万人，为促进双方教育交流做出了重要贡献。中国和中东欧国家教育合作进入活跃期，中国高校纷纷设立语言教育机构（表4）、合作交流项目以及涉中东欧的区域和国别研究院（所）（表5）。

表4　　2012年以来普通高等学校新设中东欧语种本科专业一览（截至2018年）

年份	专业	学校	小计	合计
2018	波兰语	北京体育大学、吉林外国语大学、浙江越秀外国语学院、浙江外国语学院、四川外国语大学	5	15
	捷克语	北京体育大学、大连外国语大学、长春大学、吉林外国语大学、四川外国语大学	5	
	塞尔维亚语	上海外国语大学、北京体育大学	2	
	罗马尼亚语	北京语言大学	1	
	克罗地亚语	北京体育大学	1	
	匈牙利语	北京体育大学	1	
2017	捷克语	浙江越秀外国语学院、浙江外国语学院、四川外国语大学成都学院、西安外国语大学	4	17
	匈牙利语	华北理工大学、四川外国语大学成都学院、西安外国语大学	3	
	罗马尼亚语	天津外国语大学、西安外国语大学	2	
	波兰语	大连外国语大学、长春大学	2	
	保加利亚语	北京第二外国语学院、天津外国语大学	2	
	塞尔维亚语	天津外国语大学	1	
	斯洛文尼亚语	北京第二外国语学院	1	
	斯洛伐克语	北京第二外国语学院	1	
	阿尔巴尼亚语	北京第二外国语学院	1	
2016	波兰语	上海外国语大学、四川大学、天津外国语大学、四川外国语大学成都学院、西安外国语大学	5	15
	捷克语	上海外国语大学、天津外国语大学、广东外语外贸大学、河北地质大学	3	
	塞尔维亚语	北京第二外国语学院、广东外语外贸大学	2	
	罗马尼亚语	北京第二外国语学院、河北经贸大学	2	
	匈牙利语	天津外国语大学	1	
	立陶宛语	北京第二外国语学院	1	
	爱沙尼亚语	北京第二外国语学院	1	

续表

年份	专业	学校	小计	合计
2015	匈牙利语	上海外国语大学、北京第二外国语学院、四川外国语大学	3	8
	捷克语	北京第二外国语学院、石家庄经济学院①	2	
	波兰语	北京第二外国语学院	1	
	拉脱维亚语	北京第二外国语学院	1	
	马其顿语②	北京外国语大学	1	
2014	无	无	0	0
2013	波兰语	广东外语外贸大学	1	1
2012	无	无	0	0

资料来源：根据《教育部关于普通高等学校本科专业设置备案和审批结果的通知》(2012—2018年) 制作。

表5 近十年成立的国内中东欧区域或国别研究机构（不完全统计）③

类别	序号	机构名称	成立时间	备注
区域	1	上海对外经贸大学中东欧研究中心	2012年5月	教育部国别区域培育基地
	2	首都师范大学文明区划研究中心	2012年6月	教育部国别区域研究基地
	3	重庆中东欧国家研究中心	2013年7月	
	4	宁波中东欧国家合作研究院	2016年6月	
	5	河北经贸大学中东欧国际商务研修学院	2016年6月	

---

① 2016年3月，石家庄经济学院更名为河北地质大学。

② 教育部关于普通高等学校新增本科专业有备案专业和审批专业两类。新增审批本科专业是教育部现有专业目录中没有的，北马其顿语即属此类情况。

③ 中国—中东欧国家合作启动之前已经成立了中国人民大学俄罗斯东欧中亚研究所、中国社会科学院俄罗斯东欧中亚研究所东欧室、中国社会科学院欧洲研究所中东欧研究室以及北京外国语大学中东欧研究中心等机构。

续表

类别	序号	机构名称	成立时间	备注
区域	6	四川大学波兰与中东欧问题研究中心	2016年10月	2017年教育部备案国别区域研究中心
	7	中欧陆家嘴国际金融研究院中东欧经济研究所	2017年1月	
	8	南京航空航天大学外国语学院巴尔干地区研究中心	2017年3月	2017年教育部备案国别区域研究中心
	9	浙江大学中东欧研究中心	2017年3月	2017年教育部备案国别区域研究中心
	10	北京第二外国语学院中东欧研究中心	2017年	2017年教育部备案国别区域研究中心
	11	北京交通大学中东欧研究中心	2017年	2017年教育部备案国别区域研究中心
	12	华东师范大学中东欧研究中心	2017年	2017年教育部备案国别区域研究中心
	13	北京外国语大学巴尔干研究中心	2017年	2017年教育部备案国别区域研究中心
	14	辽宁大学俄罗斯东欧中亚研究中心	2017年	2017年教育部备案国别区域研究中心
	15	辽宁大学波罗的海国家研究中心	2017年	2017年教育部备案国别区域研究中心
	16	北京语言大学中东欧研究中心	2017年12月	2017年教育部备案国别区域研究中心
	17	贵州大学波罗的海区域研究中心	2017年12月	2017年教育部备案国别区域研究中心
	18	西南财经大学中东欧与巴尔干地区研究中心	2017年12月	
	19	天津理工大学"一带一路"中东欧研究院	2017年12月	

续表

类别	序号	机构名称	成立时间	备注
区域	20	河北外国语学院中东欧国家研究中心	2018 年	
	21	河北外国语学院巴尔干国家研究中心	2018 年	
	22	中国—中东欧城市基础设施建设与投资研究中心	2018 年	秘书处设在宁波工程学院
	23	广东外语外贸大学中东欧研究中心	2019 年 3 月	
国别	24	北京外国语大学波兰研究中心	2011 年 12 月	2017 年教育部备案国别区域研究中心
	25	北京第二外国语学院波兰研究中心	2015 年 6 月	2017 年教育部备案国别区域研究中心
	26	东北大学波兰研究中心	2015 年 6 月	
	27	河北地质大学捷克研究中心	2015 年 11 月	2017 年教育部备案国别区域研究中心
	28	北京第二外国语学院匈牙利研究中心	2015 年 11 月	2017 年教育部备案国别区域研究中心
	29	上海交通大学保加利亚中心	2016 年 1 月	
	30	华北理工大学匈牙利研究中心	2016 年 6 月	2017 年教育部备案国别区域研究中心
	31	西安外国语大学波兰研究中心	2016 年 12 月	2017 年教育部备案国别区域研究中心
	32	浙江金融职业学院捷克研究中心	2017 年 3 月	2017 年教育部备案国别区域研究中心
	33	北京外国语大学匈牙利研究中心	2017 年 5 月	2017 年教育部备案国别区域研究中心
	34	浙江大学宁波理工学院波兰研究中心	2017 年 6 月	2017 年教育部备案国别区域研究中心

续表

类别	序号	机构名称	成立时间	备注
国别	35	西安翻译学院匈牙利研究中心	2017年10月	
	36	北京外国语大学罗马尼亚研究中心	2017年	2017年教育部备案国别区域研究中心
	37	北京外国语大学阿尔巴尼亚研究中心	2017年	2017年教育部备案国别区域研究中心
	38	北京外国语大学保加利亚研究中心	2018年4月	2017年教育部备案国别区域研究中心
	39	河北经贸大学塞尔维亚研究中心	2018年6月	
	40	南京师范大学法学院斯洛伐克法律研究中心	2018年12月	

注：本表中斯拉夫、转型、黑海等同中东欧相关或部分重合的研究中心以及希腊研究中心未列入。

中国与中东欧国家文化交往成果同样较多。中国—中东欧国家文化合作部长论坛每两年举办一届。中国—中东欧国家文化合作协调中心于2018年3月在北马其顿首都斯科普里正式揭牌成立。在上述两个机制的推动下，文化创意产业论坛、舞蹈夏令营成为年度重要文化交往活动。中东欧国家作曲家访华采风活动也于2016年4月启动，迄今为止已经在贵州、塞尔维亚、黑山、四川举办了多届。在中国—中东欧国家文化合作框架下已先后成立舞蹈文化艺术联盟、音乐院校联盟、图书馆联盟，以及艺术创作与研究中心、青年艺术人才培训和实践中心、文创产业交流合作中心、民族文化艺术传承与交流中心等。

卫生合作近年来也逐渐在中国—中东欧国家合作中发挥重要作用。自首届中国—中东欧国家卫生部长论坛于2015年在捷克首都布拉格举行后，迄今已经举办了四届（其他三届分别在苏州、布达佩斯、索非亚举行）。中国政府在中东欧人文交流专项奖学金框架内提供 200 个名额，用于资助中东欧各国学生来华进行医学类专业学习；从 2016 年起，在"一带一路"项目中，设立卫生专项基金，支持开展卫生合作项目。在 2016 年 6 月举办的第二届中国—中东欧国家卫生部长论坛上，中国—中东欧国家医院合作联盟宣告成立，联盟成立以来，在开展交流互访、举行学术活动、推动技术交流与人才培养等方面成绩显著。本届论坛还成立了中国—中东欧国家卫生合作促进联合会，维持中国与中东欧国家在医药卫生领域合作的良好势头，共享各国在卫生发展领域的有益经验，推进卫生合作平台建设。

十　人文交流异彩纷呈

自中国—中东欧国家合作启动以来，中国和中东欧国家人文交流以前所未有的速度发展起来，旅游、媒体、智库、青年等活动纷纷开展。

在国际旅游交往方面，中国与中东欧国家在 2015 年成功举办"中国—中东欧国家旅游合作促进年"。旅游合作高级别会议从 2014 年开始陆续在匈牙利、斯洛文尼亚、波黑、拉脱维亚、克罗地亚等地召开。中国—中东欧国家旅游协调中心、旅游促进机构和旅游企业联合会、中国驻布达佩斯旅游办事处先后在匈牙利成立。中东欧国家连年应邀参加中国国际旅游交易会；国内多个省市在中东欧多国举办了形式多样、内容丰富的活动。在各项措施的鼓励和推动下，中国赴中东欧国家旅游人数增长迅速，中国公民到中东欧国家的人次已经增长5倍多，双向旅游人数突破每年100万人次，2018年中国赴中东欧国家游客数量占中国赴欧游客数量的近三分之一。因应这种需求，包括塞尔维亚、黑山、波黑、阿尔巴尼亚等国纷纷采取免签证或季节性免签证政策。2016年，中国也对中东欧16国公民实行72小时过境免签政策。

智库交流进入历史上最活跃时期。中国—中东欧国家智库和学术机构虽然历史上有过密切交往，但机制化、规模化、系统化的交往还并不多见。机制化的重要体现是2015年12月"中国—中东欧国家智库交流与合作网络"正式揭牌成立，积极打造中国与中东欧国家间智库协调机制与高端交流平台。2019年，中国—中东欧国家全球伙伴中心成立，旨在以政策、法规等研究为引领，搭建智库、企业等各主体的交流平台。由此，智库合作有了自组织网络。在中国政府大力推动新型智库建设的大背景下，双方智库人员交流更具规模和系统化，交流的频率、产生的成果均超以往。

青年合作交流也取得积极进展。截至2019年初，孔子学院总部设立的来华夏令营、"汉语桥"中文比赛、"孔子新汉学计划"等多个项目，受到各国青年学生热烈欢迎。从2016年开始，孔院总部连续举办四届特别设立的"中东欧国家孔子学院夏令营"，累计3500余名师生来华访问。目前，中国和中东欧国家举办了两届中国—中东欧国家青年政治家论坛、举办了三届"未来之桥"中国—中东欧青年研修交流营活动，丰富和活跃了各国的青年交流。

第二部分

中国—中东欧国家合作具体进展分析

中东欧国家地处欧洲中东部,总面积 138 万平方公里[①],包括阿尔巴尼亚、爱沙尼亚、保加利亚、北马其顿、波黑、波兰、黑山、捷克、克罗地亚、拉脱维亚、立陶宛、罗马尼亚、塞尔维亚、斯洛伐克、斯洛文尼亚、匈牙利 16 个国家,2019 年希腊加入中国—中东欧合作,成为第 18 个成员国。其中 12 个国家为欧盟成员国,塞尔维亚、北马其顿、阿尔巴尼亚、黑山为候选成员国并启动入盟谈判,波黑与欧盟签署《稳定与联系协议》,获得成为欧盟候选国地位的前提条件。中国—中东欧国家合作平台建立以来,积极推动在各个领域、层面的合作格局,并且在推动区域合作,服务中欧关系上发挥了积极的作用,产生了良好的效果。

---

① 根据我国驻外使领馆的数据加总。

在推动跨区域合作层面，中国—中东欧国家合作形成了自身独有的特点，打造了跨区域合作的新平台，是构建新型国际关系的新尝试。

在推动中欧关系发展层面，作为中欧合作的重要组成部分，中国—中东欧国家合作在推动中欧经贸投资关系、基础设施互联互通及开展"第三方合作"等方面取得了积极成就，为中欧关系开辟了新前景。

第一章

中国—中东欧国家合作
推动区域合作的发展

中国—中东欧国家合作是中国和中东欧国家因应形势需要共同设计和推进的跨区域合作机制。跨区域合作机制主要体现在两个维度：一个维度是中东欧内部和欧洲内部的跨区域，即中东欧是一个多元化的区域，并不是同质化的地理区域，主要包括中欧四国（波兰、匈牙利、捷克、斯洛伐克）、东南欧十国（罗马尼亚、保加利亚、斯洛文尼亚、克罗地亚、塞尔维亚、黑山、波黑、北马其顿、阿尔巴尼亚、希腊）和波罗的海三国（爱沙尼亚、拉脱维亚、立陶宛）。同时，在欧洲内部，如果把欧盟作为一个完整的功能区域，则几个西巴尔干国家仍未成为成员国，因此，它也是跨区域的；另一个维度是中国和中东欧国家的合作也是跨越了区域，一个地处亚洲，一个是欧洲的一部分，中间相隔了多个亚欧国家。

中东欧 16 国虽然有很多差异性，但也具备相似的特性和身份，这也是中国—中东欧国家合作的基础之一。它们都是转型行为体（均经历了冷战结束后"回归欧洲"的过程）、新兴经济体（欧洲内部相对"老欧洲"而言具有新的经济增长特点的国家）以及新近入盟国家（第四轮和第五轮扩大对象国、加入国以及目前的候选国）。经济增长和部分产业链某种程度依赖于老欧洲，在地理位置上处于欧洲中东部和东南部，地缘枢纽位置突出。①

一 中国积极参与或推动国际性区域合作

改革开放以来，中国参与和创建了多种全方位、多层次、宽领域的区域合作机制，内容形式千差万别，比如中国和东盟合作机制、上海合作组织、中非合作论坛、中拉合作论坛、中欧峰会、中国—葡语国家经贸合作论坛、中国—加勒比经贸合作论坛、中国—太平洋岛国经济发展合作论坛、中国—阿拉伯国家合作论坛等。相比较而言，中国—中东欧国家合作是成立较晚的一个区域合作平台。

中国积极发展同中东欧国家关系也是着眼于在新形势下如何深入和扩大国际合作，尤其是保护主义、逆全球化抬头以及日益多元发展的区域主义，与作为拥抱全球化和开放主义的中国的发展利益产生冲突，中国如何处理好周边和亚欧

---

① 2019 年希腊加入中国—中东欧国家合作后，中国—中东欧国家合作的队伍进一步壮大，希腊的加入在区域范围上并没有扩展，因为希腊本身也是东南欧的一部分，但在身份属性上与 16 个中东欧国家在很多方面是不同的。

大陆的区域间合作就成为一个重要的发展命题。沿着欧亚大陆,中国遇到各种形式的区域主义组织——东盟、欧亚经济联盟、欧盟等,如何同这些区域主义组织打交道,中国需要提供一整套思路和方案。在中国不以成员国身份加入这些区域组织的背景下,中国提出了参与不同区域组织合作进程的新思路。中国—中东欧国家合作就是回应了中东欧国家的需求,为推动中国、欧洲两大区域的综合、平衡与可持续发展,由中国和中东欧国家共建的一个合作平台。不同于任何以往的区域合作机制,中国—中东欧国家合作代表了中国推动区域合作的新尝试和新思考。

表 6　　中国开展区域合作的主要种类和形式

区域合作类型	具体机制
洲际层面	中欧合作机制（1998 年）
	中国东盟合作机制（1996 年）
	中非合作论坛（2000 年）
	中拉合作论坛（2015 年）
跨区域层面	上海合作组织（2001 年）
	中国—葡语国家经贸合作论坛（2003 年）
	中国—加勒比国家经贸合作论坛（2004 年）
	中国—阿拉伯国家合作论坛（2004 年）
	中国—太平洋岛国经济发展合作论坛（2006 年）
	中国—中东欧国家合作（2012 年）

二　双边和多边相结合,相互推动和促进

中国—中东欧国家合作充分体现了开放式合作平台的特

点。中国—中东欧国家合作框架下，双边合作是基础，中国—中东欧国家合作是平台，两者相互支持、相互促进。中国—中东欧国家合作为推动双边关系可持续和深入发展提供了重要的抓手和机遇。由于对中国—中东欧国家合作的猜忌和不了解，一些西方智库甚至外交官认为中国—中东欧国家合作"挤占"双边关系的合作空间，但实际上并没有充分的证据。事实上，在中国—中东欧国家合作中，全方位的双边合作是基础，多边合作对双边合作起着助推、创新的作用。换句话说，中国—中东欧国家合作一直在给双边合作做加法甚至乘法，而不是做减法。近年来，在中国—中东欧国家合作的推动下，双边关系获得长足发展，掀起新的合作热潮，反过来又推动中国—中东欧国家合作平台发展壮大。

首先，中国同17国的双边关系得到更大程度发展。

从2012年至今，中国同捷克、塞尔维亚、波兰、匈牙利、保加利亚、希腊等国分别缔结、提升或加强了战略伙伴关系（全面战略伙伴关系），中国在中东欧地区的战略合作伙伴已经达到六个，新增战略伙伴关系为三个，分别是捷克、匈牙利、保加利亚，伙伴关系网络越织越密，密切的战略伙伴关系网络有助于整体提升中国—中东欧国家合作的含金量。

中国—中东欧国家合作启动后，中国领导人高度关注中东欧地区，频频访问该区域，提升双边战略合作水平和友好程度。2016年，习近平主席访问捷克、塞尔维亚、波兰三国，与三国建立或提升了战略伙伴关系。2019年习近平主席访问希腊，进一步提升双边合作水平。与此同时，借中国—中东欧国家领导人会晤，中国同各国领导人分别在华沙（波兰）、布加勒斯特（罗马尼亚）、贝尔格莱德（塞尔维亚）、苏州（中国）、里加（拉脱维亚）、布达佩斯（匈牙利）、索非亚（保加利亚）和杜布罗夫尼克（克罗地亚）举行双边和集体会晤。中东欧国家高层或政要也利用中国—中东欧国家领导人会议、"一带一路"国际合作高峰论坛、中国国际进口博览会等机会纷纷访问中国，举行高层会晤，形成重要共识，产出高质量成果。因此，通过中国—中东欧国家合作，中国和中东欧国家关系的提升是整体性的，有助于合作氛围的提升和合作习惯的形成。

其次，加强同17国的精准合作，提升合作的针对性。

中国—中东欧国家合作推动一系列精准合作举措的出台，以服务中国—中东欧国家整体合作为目标，充分发挥每个成员国的特色、优势和主动性，积极打造包容、共享的合作平台。据不完全统计，中国—中东欧国家合作专业性平台（含在建的）已经有近40个，涉及旅游、高校、投资促进、农业、技术转移、智库、基础设施、物流、林业、卫生、能源、海事、中小企业、文化、银行、环保、青年等议题。依托于中国—中东欧国家合作的总体框架，专业性平台的落实与推进得到有力保障，而专业性平台成果影响力的提升也很好地配合和推动了中国—中东欧国家合作的发展，使其跳出单纯的政府间合作范式，更突出不同行为体的专业化参与，以更广的合作"包容度"和更丰富的合作关系形式为中国—中东欧国家合作提供动力。[1] 各专业性平台本身是一种自组织网

---

[1] 中国—中东欧国家智库交流与合作网络：《中国—中东欧国家合作各领域合作平台建设现状与前景分析》，中国—中东欧国家关系研究基金2019年课题。

络，参与的国家或者机构采取自愿原则。各专业性平台的承接国家或机构也主要采取自组织原则，通过自有资源来组织本平台的运营，具有很强的自我治理属性。因此，平台的组织方本身要有较强的专业背景和丰富的专业资源，否则难以保证平台运行的可持续性。各专业性协调平台虽大多得到来自各国官方的支持，但承接平台的主体大多是非官方或半官方机构，承接的机构也大多为民间或官方支持的社会组织。各专业性平台通过自组织和自我管理，成立类似行会运行的章程和行为准则，组成具有行会特点的组织和领导机构，并基于自愿原则展开运营工作。专业化导向是各专业性平台运营的主要特点，它们无不以某个专业领域为主要工作或服务目标，由于具有专业性色彩，因此也具备某种权威性。

再次，中国的投资项目纷纷落地，突出合作的务实性。

据中国—中东欧国家智库交流与合作网络和中国—中东欧国家联合商会开展的联合调查（2020 年）显示，中国企业在中东欧投资的多个项目产生了良好经济和社会效应，企业投资热情较高，也愿意到中东欧地区实践。中国企业在每个国家都有大小不一的项目，并且依据国情形成了不同的国别和区域特点。比较有代表性的项目如：TCL 和广西柳工在波兰的投资，比亚迪和山东帝豪集团等在匈牙利的投资，深圳华大基金在拉脱维亚的投资，中远集团在希腊的投资等。（具体情况见后附"中国对中东欧部分投资或合作项目成果列表"）

务实合作成果还要考察后续发展的可持续性。2020 年岁首，由中国—中东欧国家联合商会和中国—中东欧国家智库交流与合作网络联手展开《中国企业对中东欧国家营商环境看法问卷调查》(问卷于 2020 年 1 月 1 日发放,1 月 10 日回收)。共有 109 家企业接受问卷调查,涵盖大部分在中东欧从事投资、承包和贸易活动的国有企业和部分私营企业,涉及投资项目 117 项,基本涵盖中国企业在中东欧国家的主要项目。① 调查表明,中国—中东欧国家合作对于推动中国企业走入中东欧的拉动效应比较明显。从公司设立的时间看,约有 38% 的公司设立超过 7 年,也就是在中国—中东欧国家合作启动前设立,这表明中国在中东欧国家的公司设立在中国—中东欧国家合作启动前已有一定基础。约 44% 的企业是中国—中东欧国家合作确立后设立的(7 年以下),说明近七年来设立的中国企业超过此前多年的总和。调查结果还显示,有超过 80% 的企业希望继续扩大在中东欧的业务。②

尽管中国企业投资很大程度上是落地到具体国别,推动了双边关系的发展,但落地项目还是与中国—中东欧国家合作整体政策推动有直接关系,双方企业合作的加强是中国—中东欧国家合作的重要成果。

最后,中国和中东欧国家人文交流活动多点开花。

中国—中东欧人文交流以前所未有的速度发展起来,人文交流的"势"在中东欧全区域整体形成。中国赴中东欧国家旅游人数增长迅速,因应这种需求,包括塞尔维亚、黑山、波黑、阿尔巴尼亚等国纷纷采取免签证或季节性免签证政策。

---

① 刘作奎:《中国企业对中东欧国家营商环境看法调研报告》,《欧亚经济》2020 年第 4 期。

② 同上。

为了应对日益增多的旅游等人文交流活动，中国开通了多条直航航线（北京至华沙，北京、上海至布达佩斯，北京、上海、成都至布拉格等）。中国的中医药也开始走进中东欧国家（捷克、匈牙利、黑山、罗马尼亚等）。中国和中东欧国家教育合作进入活跃期，中国高校纷纷设立语言教育机构、合作交流项目以及涉中东欧的区域和国别研究院（所）。中国智库机构也先后设立各种研究中心和研究网络，短时间内获得较大发展。正是因为上述系列热络的人文交流活动积极开展，也激发了中东欧国家参与合作的积极性，中东欧国家纷纷牵头举办领导人会晤，以扩大影响力。[①]

三 中国—中东欧国家合作坚持不排斥第三方，积极践行开放包容的国际合作理念

中国—中东欧国家合作平台自2012年建立以来，已历时8年，引发广泛关注，合作平台外的国家和组织也表现出极大的兴趣，希望能够积极参与进来。希腊（2019年正式加入）、奥地利、欧洲复兴开发银行、白俄罗斯、瑞士等在不同阶段表现出较大的参与兴趣。

在历届中国—中东欧国家领导人会晤上，欧盟机构和部分欧洲国家的代表均受邀参加会议。在2014年于贝尔格莱德

[①] 2017年中国—中东欧国家智库交流与合作网络组织相关专家系统梳理了中国—中东欧国家合作五年中取得的合作成果，主要体现在中国—中东欧国家合作推动了双边关系提质增效，对区域合作做出积极探索，推动了中欧关系发展以及推动了"一带一路"建设。详见黄平、刘作奎等著《中国—中东欧国家合作（16+1）五年成就报告：2012—2017年》，社会科学文献出版社2018年版。

举办的第三次中国—中东欧国家领导人会晤上，希腊受邀参加了会议，并与中东欧国家各方积极打造中欧陆海快线，希腊、北马其顿、匈牙利和塞尔维亚共同参与中欧陆海快线建设。在2015年第四次中国—中东欧国家领导人会晤（苏州）上，奥地利和欧洲复兴开发银行作为观察员应邀参加会议，进一步壮大了合作队伍。奥地利属于中欧国家，与维谢格拉德集团国家联系紧密，在中东欧地区较具影响力，对中国—中东欧国家合作的各种举措充满兴趣并且愿意积极参与。欧洲复兴开发银行作为国际知名的开发性金融机构，在中东欧拥有广泛的金融业务，它的加入为中国和中东欧国家在金融领域上的合作提供了机遇。在2016年第五次中国—中东欧国家领导人会晤（里加）上，白俄罗斯和瑞士作为观察员参加了会议。白俄罗斯是中国到欧洲的重要枢纽，从俄罗斯到中东欧，白俄罗斯也是非常重要的连接点。此外，瑞士在中东欧地区也有广泛利益存在，瑞士企业在中东欧地区有广泛的投资。欧盟东扩为瑞士赢得了拥有7500万消费者的新市场。为保障自身的战略投资，瑞士资助中东欧300多个经济、旅游、卫生、能源上的项目与合作，总计约13亿瑞郎。[①] 瑞士的参与进一步推动了中国—中东欧国家合作。

希腊加入中国—中东欧国家合作是该平台秉承开放包容精神的具体体现。在2019年杜布罗夫尼克会晤上，希腊受邀正式加入中国—中东欧国家合作。希腊的加入，在地域上并没有超越中国—中东欧国家合作框架初建时的范围，希腊本

---

① 刘作奎：《中国和中东欧合作是中国构筑新型国际关系的新尝试》，2016年12月9日，人民网，http://world.people.com.cn/n1/2016/1209/c188725-28937953.html。

身也是巴尔干和东南欧区域的一部分，但它是欧洲文明的发源地、老欧洲国家和发达国家，并且与中东欧国家有不一样的资本主义发展轨迹，它的加入无疑更进一步丰富了中国—中东欧国家合作的形式和内容。

中国—中东欧国家合作的进程表明，它并不是一个封闭循环的体系，而是秉承开放包容、互惠互利的合作框架，只要各方有意愿、有想法、有需求，大家共同推动，而实践证明，它也是行之有效的，吸引力也越来越大。

四　用合作共赢来联合各方，妥善解决差异与分歧，坚持共赢互鉴原则

中东欧17国差异较大，诉求不同，中东欧区域也并不是一个同质化的区域。中东欧国家国情、内政和外交具有多样性。欧盟作为介入中东欧地区最深的行为体之一，在推动中东欧国家参与欧洲一体化上做了巨大的努力，但中东欧国家之间以及中东欧国家与西欧国家的差异是常态，欧盟短时间内难以融合这些差异。

中国—中东欧国家合作框架相对灵活地处理了中东欧国家的差异性问题，即以合作共赢为先导，尊重和而不同，互相借鉴和分享彼此的优势和成功经验。最为突出的一个案例是，目前中东欧国家提出了诸多与中国—中东欧国家合作对接的方案，比如"多瑙河倡议""三海倡议"等，各有优长，但又各有不足。"多瑙河倡议"是巴尔干国家相对较为关注的，主要强调对多瑙河水域的开发；"三海倡议"是中东欧入

盟国较为关注的，强调入盟国之间在能源、通讯和交通领域的一体化合作。不同倡议之间实际上存在排他性的安排，比如"三海倡议"主要包括的是中东欧入盟国，由克罗地亚和波兰发起，西巴尔干未入盟国事实上是被排除在外的。中国积极推进中国—中东欧国家合作与上述方案对接，提出"三海港区合作"方案，融合与借鉴了各方倡议的优势和积极要素。

中国—中东欧国家合作开创了全球化时代中国与中东欧国家不同社会制度、文化传统和发展阶段的国家相互尊重、和谐相处、合作共赢的新型国际关系。中国灵活务实的政策符合中东欧国家自主选择发展道路的愿望。

五 西方智库学者观点概要梳理与分析

中国—中东欧国家合作自诞生以来就受到西方智库学者的广泛关注，提出了很多观点和看法，特别是对于该平台的"多边主义"性质提出了质疑。

欧洲议会研究局的报告指出，自2012年中国启动中国—中东欧国家合作以来，这一合作虽然被定义为多边主义，但实际上依旧是以双边为主。[①] 法国国际关系研究所的研究报告指出，对于中东欧国家来讲，中国—中东欧国家合作是一个平台，促进了中国与17国的双边对话。波兰在中国—中东欧国家合作成立之初便持有此观点。因此，该平台实际上是强

[①] "China, the 16 + 1 format and the EU", http：//www.europarl.europa.eu/RegData/etudes/BRIE/2018/625173/EPRS_BRI（2018）625173_EN.pdf.

化了合作的双边性。① 还有研究认为，中国—中东欧国家合作通常被称为多边主义，因为在中国看来这一平台为很多国家提供了会谈的机会，但现实中却是中国以该平台的名义发展双边关系。② 还有观点认为，中国—中东欧国家合作更多是一系列的双边关系，而没有形成一致性的多边主义。中国更多是发展双边关系，特别是波兰、匈牙利以及罗马尼亚和塞尔维亚等。③ 不过也有相反观点认为，中国—中东欧国家合作既不是多边也不是双边。该观点认为，"中国＋其他国家"模式可以让时间十分有限的中国领导人与很多小国的领导人会谈，此前很难得到这样的机会。但与此同时，这种多边框架，既不像机制化的双边联盟，也不像多边的安全合作组织那样能够处理真正的战略问题。④

事实上，中国—中东欧国家合作的多边主义属性，有如下几个特点：

第一，中国—中东欧国家合作是多边主义合作模式还是双边主义，不仅取决于中国，也取决于中东欧国家，而且需要一个发展过程。多边主义的合作依赖于所有参与方政治意愿以及各自的资源和能力。只有将本国的利益和优势与中国

---

① Justyna Szczudlik, "Seven Years of the 16＋1: An Assessment of China's 'Multilateral Bilateralism' in Central Europe", *Asie. Visions*, No. 107, https://www.ifri.org/sites/default/files/atoms/files/szczudlik_161_2019.pdf.

② Jakub Jakóbowski, "Chinese - led Regional Multilateralism in Central and Eastern Europe, Africa and Latin America: 16 ＋ 1', FOCAC, and CCF", *Journal of Contemporary China*, Vol. 27, No. 113, 2018, pp. 659 – 673.

③ "China's 16＋1 foray into Central and Eastern Europe", https://euobserver.com/eu - china/138347.

④ "Why China Is Wooing Eastern and Central Europe", https://nationalinterest.org/feature/why - china - wooing - eastern - and - central - europe - 30492.

—中东欧国家合作相融合，才能形成真正的多边主义合作议程。中国—中东欧国家合作框架下每个领域的合作协调机制都是由某一个国家在自愿的基础上，结合自身的考量来申请的。这种方式是一种真正的、而不是表面上的多边主义，但要让多边主义真正开花结果，需要磨合，正如有中东欧智库认为的，正是由于这个原因，各方一致认为中国—中东欧国家合作首要的内部挑战便是如何克服这些国家的不同发展程度，发展程度不一，诉求多样，形成多边共识就需要时间，但有一个好的前提是中国和中东欧国家已提供了框架上的保障。[1] 有研究对这些协调机制提出了更为深刻的解释，认为这种在一国设置协调机制的做法正是双边和多边相结合的案例。一方面这些协调机制是对所有参与国都开放的，另一方面也能够促进中国发掘特定国家的潜力。[2]

第二，中国—中东欧国家合作的多边主义不仅体现在国家层面合作的多边性中，也体现在地方合作的多边性中。中国与中东欧国家和地区的合作由来已久，而且呈现出一定程度的多层级合作的特点。2013 年（重庆）、2014 年（捷克布拉格）、2016 年（唐山）和 2018 年（保加利亚索非亚），已经成功举办了四次中国—中东欧国家地方领导人会议。2016 年 6 月 16 日，《中国—中东欧国家地方省州长联合会章程》

---

[1] Marsela Musabelliu, "China's Belt and Road Initiative Extension to Central and Eastern European Countries – Sixteen Nations, Five Summits, Many Challenges", *Croatian International Relations Review*, Vol. 23, No. 78, 2017, pp. 57–76.

[2] Lilei Song and Dragan Pavlićević, "China's Multilayered Multilateralism: A Case Study of China and Central and Eastern Europe Cooperation Framework", *Chinese Political Science Review*, Vol. 4, 2019, pp. 277–302.

在中国—中东欧国家地方省州长联合会第二次工作会议上审议并通过。此外，市长论坛也是地方合作中多边性的体现，主要包括了中国—中东欧国家首都市长论坛和中国—中东欧国家市长论坛。前者自2016年起已经连续举办了四届，后者自2017年起连续举办了三届。未来，这种双边—多边合作平台还会进一步扩宽。

第三，中国—中东欧国家合作不能过分强调多边主义的成分而忽视了双边主义的重要性。双边合作一直是中国—中东欧国家合作最基础、最重要的组成部分。在启动伊始，对中国—中东欧国家合作就有这样的定位：双边合作是基础，中国—中东欧国家合作是平台和补充。如果中国与每个中东欧国家的双边关系发展得不好，谈平台的发展就是空谈。[1]

---

[1] 吴孟克：《如何应对"16+1合作"面临的挑战——专访中国社科院欧洲研究所中东欧研究室主任刘作奎研究员》，《世界知识》2018年第15期。

第二章

中国—中东欧国家合作
助推中欧关系全面协调发展

中国—中东欧国家合作的建立，为深化中国与中东欧国家合作发挥了积极作用，将以往较为松散的双边模式升级为有规划的双边+多边模式，推动中国和中东欧国家合作在质和量上的双提升。同时，中国和中东欧国家的合作从来没有脱离欧盟，也不可能脱离欧盟。

一 中国—中东欧国家合作文件中关于中欧合作的表述

历届中国—中东欧国家领导人会晤发布的纲要（除2012年华沙会晤）都从不同角度和侧重点就中国—中东欧国家合作对中欧关系的定位和作用进行了阐述，将中国—中东欧国家合作定位为中欧关系的组成部分和中欧全面战略伙伴关系的有益补充。

在2013年罗马尼亚布加勒斯特第二次中国—中东欧、国家领导人会晤上，发布了中国—中东欧国家合作①规划纲要，强调中国—中东欧国家合作与中欧全面战略伙伴关系相辅相成，并行不悖。② 李克强总理在出席此次领导人会晤时特别指出，中欧合作、相向而行是《布加勒斯特纲要》所蕴含的基本原则之一，中国和中东欧合作既是中欧合作的重要内容，又是中国和欧盟合作的重要组成部分。③ 第三次领导人会晤发布的《贝尔格莱德纲要》指出，中国—中东欧国家合作与中欧关系并行不悖，再次确认致力于本着平等相待、相互尊重、相互信任的原则深化中欧和平、增长、改革、文明四大伙伴关系，为落实《中欧合作 2020 战略规划》作出应有贡献。④ 第四次领导人会晤发布了《中国—中东欧国家合作中期规划》，认为中国—中东欧国家合作会进一步推动中国和中东欧国家关系发展，促进中欧全面战略伙伴关系全方位、均衡发展。⑤ 第五次领导人会晤发布的《里加纲要》指出，通过中欧互联互通平台等渠道对接中国—中东欧国家合作和中欧全面战略伙伴关系。⑥ 第六次领导人会晤发布的《布达佩斯纲要》

---

① 中国—中东欧国家合作机制成立时有 16 个中东欧国家成员国，简称"16＋1 合作"，2019 年 4 月希腊加入后扩大为"17＋1 合作"，2019 年之前出台的相关文件使用"16＋1 合作"的简称。

② 《中国—中东欧国家合作布加勒斯特纲要》，2013 年 11 月 26 日，中国政府网，http：//www．gov．cn/jrzg/2013 － 11/26/content_2535458．htm。

③ 《李克强在布加勒斯特出席中国—中东欧国家领导人会晤》，2013 年 11 月 26 日，央广网，http：//china．cnr．cn/news/201311/t20131126_514243876．shtml。

④ 《中国—中东欧国家合作贝尔格莱德纲要》，2014 年 12 月 17 日，新华网，http：//www．xinhuanet．com/world/2014 － 12/17/c_1113667695．htm。

⑤ 《中国—中东欧国家合作中期规划》，2015 年 11 月 25 日，新华网，http：//www．xinhuanet．com/world/2015 － 11/25/c_128464366．htm。

⑥ 《中国—中东欧国家合作里加纲要》，2016 年 11 月 27 日，新华网，http：//www．xinhuanet．com/world/2016 － 11/06/c_1119859319．htm。

重申，中国—中东欧国家合作是中欧整体合作的重要组成部分，中方重申高度重视中欧全面战略伙伴关系，支持欧洲一体化道路，乐见欧洲团结、稳定、繁荣，致力于推动中欧四大伙伴关系发展。[1] 第七次领导人会晤中，各方强调中国—中东欧国家合作是中欧关系的重要组成部分和有益补充，各方愿根据各自国情和既有承诺，以中国—中东欧国家合作为依托，共同促进中欧关系持续均衡发展。16 国中的欧盟成员国和候选国将支持推动中欧和平、增长、改革、文明四大伙伴关系及《中欧合作 2020 战略规划》。[2] 第八次领导人会晤中，与会各方强调，中国—中东欧国家合作是中欧关系的重要组成部分和中欧全面战略伙伴关系与《中欧合作 2020 战略规划》的有益补充，致力于深化中欧四大伙伴关系。[3]

历届中国—中东欧国家合作纲要文件对于中欧关系的论述和定位，完全与中国对欧盟政策文件相一致。其一，中国在 2018 年出台的《中国对欧盟政策文件》中明确提出"中国—中东欧国家合作是基于中国和地区国家的共同利益和实际需要开展的互利多赢、开放透明的跨区域合作，欢迎欧盟等其他方面支持和建设性参与"。[4] 这再次表明了中国欢迎欧盟及其他欧洲国家和机构组织共同参与合作的态度。其二，

---

[1]《中国—中东欧国家合作布达佩斯纲要》，2017 年 12 月 1 日，新华网，http://www.xinhuanet.com//world/2017 - 12/01/c_1122039253.htm。

[2]《中国—中东欧国家合作索非亚纲要》，2018 年 7 月 9 日，人民网，http://world.people.com.cn/gb/n1/2018/0709/c1002 - 30134060.html。

[3]《中国—中东欧国家合作杜布罗夫尼克纲要》，2019 年 4 月 13 日，商务部网站，http://ozs.mofcom.gov.cn/article/hzcg/201904/20190402854103.shtml。

[4]《中国对欧盟政策文件》，2018 年 12 月 18 日，中国政府网，http://www.gov.cn/xinwen/2018 - 12/18/content_5349904.htm。

中国—中东欧国家合作的具体内容与议题领域丰富和补充了中欧合作的同时又有区别，这主要体现在"中国—中东欧国家合作"发布的纲要文件主要聚焦双方在经贸、投资、互联互通、人文交流等务实合作领域。其三，中国—中东欧国家领导人会晤多次邀请欧盟代表以观察员的身份参会，以实际行动证明了中国—中东欧国家合作开放透明原则，更是体现出尊重欧盟在中东欧地区的作用和地位。

二 中国与中东欧国家经贸投资合作成为中欧经济关系的亮点

自中国—中东欧国家合作建立以来，中国与中东欧国家经贸合作成果丰硕，双边贸易稳步增长，成为中欧经济关系的亮点。双边合作机制不断完善，相互投资持续扩大，基础设施互联互通进展顺利，中国—中东欧国家合作框架下的基建、能源、制造业等产业领域的投资合作带动了中欧经贸关系的发展。具体体现在以下三个方面：

一是经贸合作机制不断完善。在中国—中东欧国家合作下建立了中国—中东欧国家经贸促进部长级会议、经贸论坛、投资促进机构联系机制、联合商会、中小企业合作协调机制等。此外，中国—中东欧国家投资贸易博览会、中国国际进口博览会等年度重要展会已经成为中东欧国家在华推广优质产品的重要平台，极大促进了中国消费者对中东欧产品的了解和认知。在双边层面，中国同罗马尼亚、匈牙利建立了贸易畅通工作组，同爱沙尼亚、克罗地亚等国分别建立了电子商务工作组以及投资合作工作组。在多边层面，中国—中东欧国家合作下的贸易机制对于中欧贸易关系发挥着重要的补充作用。以中国—中东欧国家中小企业合作协调机制为例，该机制充分考虑到中东欧国家中小企业在经济中的比例较大、在创造就业和提升竞争力上的重要性，加大中国与中东欧国家中小企业的交流与合作。2018—2019年，河北省沧州市连续召开了两届中国—中东欧中小企业论坛，两次论坛上均与中东欧企业达成了多项合作项目，共涉及金额超过160亿元人民币。此外，2018年成立了"中国—中东欧中小企业合作区"，设在沧州市，致力于打造"中国—中东欧科技成果转化基地、中国—中东欧产业合作基地、中东欧国家产品展示贸易合作基地、中国—中东欧文化交流中心"。[①] 宁波自2015年开始举办中国—中东欧国家投资贸易博览会，这是中欧之间重要的涉及贸易投资的交流平台，为中东欧国家产品和项目提供了一个难得的展示机会。事实上，中东欧国家的企业几乎都有着欧盟的背景，他们的对华贸易也是中欧贸易的重要组成部分，因此上述中国—中东欧国家的经贸投资合作机制为中欧经贸投资合作提供了很好的抓手，进一步促进中欧之间贸易关系的良性发展。

二是双边贸易稳步增长。根据中国海关统计，2019年中国与欧盟贸易额达到7051亿美元，同比增长3.4%，欧盟连续16年成为中国最大贸易伙伴。如前所述，2019年中国与中国—中东欧国家合作国家贸易额和在中欧贸易中占比呈现增

[①]《中国中东欧（沧州）中小企业合作区情况简介》，2020年3月27日，中捷广业园区网站，http://www.zhongjie.gov.cn/article.asp?ID=12855。

长态势,① 中国与中东欧国家贸易稳步增长,且增长率超过中国与欧盟贸易增长率,成为中欧贸易发展的新动力。中东欧国家在推进中欧经贸合作方面具有特殊地位和后发优势。通过中国—中东欧国家合作,中东欧国家能够成为中国与欧洲高端市场和先进产能对接的端口,中东欧国家也能够借助中国经济快速发展的外溢效应加快自身产业升级和民生改善,使中国—中东欧—欧洲之间的产业链条更加完善,对于推动整个欧洲经济产业发展,缩小中东欧国家与其他欧洲发达国家的经济、社会差距有促进作用。此外,中国—中东欧国家合作建立后,中国赴中东欧国家旅游人数增长迅猛。根据中方统计,2018 年中国赴欧洲人数超过 600 万人次,其中赴东欧地区的中国游客人数在欧洲占比最高,达到 36.3%,超过西欧(32.8%)、北欧(16.6%)和南欧(14.2%)。2019 年上半年,中国赴多个中东欧国家旅游人数同比增长了 3—5 倍。② 中东欧国家已经对中国游客产生了巨大吸引力,为中欧旅游经贸增长提供重要的动力。虽然在货物贸易方面中国对大多数中东欧国家以及欧盟处于顺差地位,但就旅游产业来说,中东欧国家以及欧盟对华存在明显的顺差。

三是投资规模持续扩大。伴随着中国—中东欧国家合作深化,中国在中东欧国家的投资快速增长,在中国对欧洲投资总额和对外直接投资总额中的比重都有所提高。尽管中国在个别中东欧国家的投资集中度有所下降,但是区位分布更

---

① 《2019 年 1 - 12 月中国与欧洲国家贸易统计表》,2020 年 3 月 2 日,商务部网站,http://ozs.mofcom.gov.cn/article/zojmgx/date/202003/20200302941074.shtml。
② 《报告显示:今年上半年中国人赴中东欧游客量激增》,2019 年 8 月 22 日,中国金融信息网,http://news.xinhua08.com/a/20190822/1885136.shtml。

加优化。2018年，中国对中东欧17国的直接投资存量为25.12亿美元，比2017年增长了近20%，远超我国对外直接投资存量的总体增长率。投资涉及机械制造、化工、金融、环保、物流、新能源等领域，双向投资带动产能合作，正成为中欧经贸合作新的增长点。2018年，欧盟对华实际投资104.2亿美元，增长了25.7%；中国对欧盟直接投资81.1亿美元，同比增长7.1%。[①] 伴随着中国与中东欧国家合作的不断深化和中东欧国家投资环境的持续优化，中国对中东欧直接投资得到了良好的积累，中国同中东欧国家合作已逐渐成为中欧乃至中国与全球关系发展的新亮点。

在欧洲一体化发展遭遇困难、英国"脱欧"尘埃落定的背景下，强化中国—中东欧国家合作将为中欧坚持多边主义、反对贸易保护主义、促进双方在贸易投资及全球经济治理领域的合作提供新动力。

三 中国—中东欧国家基础设施合作推动中欧互联互通

中国和中东欧互联互通建设，不仅促进中东欧国家内部互联互通，还促进中东欧国家和其他欧洲国家互联互通。

在基础设施互联互通方面，中国—中东欧国家合作的成果显著。2012年至今，中国企业在巴尔干国家承建了多个基础设施项目，如塞尔维亚"泽蒙—博尔察"大桥、E763高速

[①] 根据商务部、国家统计局、国家外汇管理局《2018年度中国对外直接投资统计公报》（中国统计出版社2019年版）相关数据整理所得。

公路、黑山南北高速公路项目、黑山铁路修复改造项目、北马其顿米拉蒂诺维奇—斯蒂普和基切沃—奥赫里德高速公路项目、克罗地亚佩列沙茨大桥项目等。塞尔维亚、匈牙利和中国于 2015 年 11 月达成了共建匈塞铁路协议，目前该项目的塞尔维亚段已动工，匈牙利境内段建设已经签署合同。此外，中国企业还在波黑、罗马尼亚、阿尔巴尼亚、爱沙尼亚等国参与能源、通信等领域的合作投资项目，为中东欧地区互联互通提供能源和通信保障。中国企业在塞尔维亚、波黑、黑山、北马其顿承建的一系列能源、交通基础设施项目顺利实施。上述交通基础设施项目，多属于泛欧交通走廊的组成部分。除了中方直接投融资的项目，还有一些项目属于欧盟资金项目，由中方企业承建，如克罗地亚佩列沙茨大桥项目。通过投资项目以及承建项目，中国运用自身的资金和基建方面的优势技术，促进中东欧国家内部、中东欧国家之间、中东欧地区与整个欧洲的互联互通。

  作为中国与中东欧重要的互联互通项目，中欧陆海快线以比雷埃夫斯港为重要枢纽，途经北马其顿、塞尔维亚，到达匈牙利、奥地利、捷克及斯洛伐克等中东欧国家，是远东到欧洲的贸易新通道。[①] 传统航线要经过马六甲海峡、孟加拉湾，穿过印度洋，绕过好望角，纵向穿越整个南大西洋，路经西非海岸，最终到达欧洲腹地。而这条快线建成后，将为中国对欧洲出口和欧洲商品出口中国开辟一条新的便捷航线，将比此前中国通往欧洲海运缩短至少 7—11 天的运输时间。中

[①] 《"陆海快线"相连，中欧携手筑梦"海丝"》，2017 年 5 月 9 日，新华网，http://www.xinhuanet.com/mrdx/2017-05/09/c_136267884.htm。

欧陆海快线的建设,有力提升了沿线各国的物流水平,加速实现人员、商品、资金等流通,形成多方共赢的局面。

随着2019年4月希腊正式加入中国—中东欧国家合作以及中希关系进一步发展,其将充分发挥自身海运及港口优势积极参与中欧陆海快线建设。2019年,中欧陆海快线发运火车超过1000列,完成运输量约8万个标准箱。按照目前规划,预计到2020年,中欧陆海快线的运量将达到10万个标准箱。这条便捷的水陆联运物流新通道正在把地理上的"远亲"拉近。

四 中欧在中东欧地区开展第三方市场合作具有重要意义和广阔前景

第三方市场合作逐渐成为中国和欧洲国家合作前景广阔的发展领域,而中国和欧盟发达成员国在中东欧国家开展第三方市场合作也颇具潜力。欧洲发达国家对中东欧国家历史文化、社会制度了解甚深,它们的企业在中东欧地区设立了大量的分支机构,对该地区以及整个欧盟的市场运作经营有着丰富的经验。开展第三方市场合作有利于推动欧洲发达国家参与中东欧项目建设,降低中国企业进入中东欧国家的投资风险,消减欧盟少数成员国对中国投资项目透明度、资金来源、投资回报和债务风险的疑虑。中东欧国家欣欣向荣不仅有利于缓解"多速欧洲"局面,客观上有助于弥补东西欧差距。

目前,中国已和法国、意大利、奥地利、英国等国家签署了关于开展第三方市场合作的政府文件,此外德国、西班牙等国家也已经表达了愿意同中国开展合作的意愿。例如,2016年6月,中德共同发表的《第四轮中德政府磋商联合声明》中就明确提出了支持在第三国及第三方市场合作的内容,涉及基建、金融以及互联互通多个具体领域;[①] 西班牙与中国两国政府较早成立了关于第三方市场合作工作组,两国在北非、中东地区开展了多个能源和基础设施建设项目合作。

当前在中东欧地区开展第三方市场合作的项目还处于起步阶段。由意大利水泥集团投资、中材建设有限公司总承包的保加利亚代夫尼亚水泥厂项目,于2015年2月竣工,这是中国公司在保加利亚承包的最大项目。2019年11月,中国建筑股份有限公司和中国电力建设集团有限公司承建的波黑泛欧"5C走廊"高速公路查普利纳(Čapljina)段项目正式开工,工程总造价约1亿欧元,由欧洲投资银行(EIB)提供融资,这是中国企业首次在波黑同欧盟开展第三方市场合作项目。中国电建集团计划于2020年开始进行贝尔格莱德地铁建设工程,法国工程企业也将参与其中。虽然中欧特别是中国同西欧国家在中东欧地区开展的第三方市场合作项目较少,但是中国已经与法国、德国、英国、意大利、西班牙、奥地利等欧盟国家在非洲以及拉丁美洲开展了多个第三方市场合作的项目,产生了较好的示范效应,积累了合作经验,这为今后有关各方在中东欧地区开展第三方市场合作打下了良好基础。

---

① 《第四轮中德政府磋商联合声明》,2016年6月13日,新华网,http://www.xinhuanet.com/world/2016-06/13/c_1119035292.htm。

五　对中国—中东欧国家合作
影响中欧关系的观点述评

有些智库或机构对中国—中东欧国家合作一直存在质疑声音，总结起来，存在以下几种观点。

一是"分而治之论"。自中国—中东欧国家合作建立以来，欧盟方面怀疑中国—中东欧国家合作分裂欧盟，认为该机制是中国在欧洲的"特洛伊木马"。这种质疑声音从未消失过。2019年3月欧盟委员会出台了《中欧战略展望》文件，将中国称为"制度性对手"，欧方部分学者也借此附和认为，欧盟意识到中国与中东欧的合作可能会进一步侵蚀欧盟的价值观和一致性，引发欧盟的分裂。[①] 近年来，欧盟受到难民危机、民粹主义、英国"脱欧"等连番冲击，对外部环境变化更加敏感，欧盟亟须维护内部团结，降低不稳定风险。而中国深化与中东欧国家合作，容易被欧盟贴上一些负面标签。

二是"破坏规则论"。欧盟重视规则标准并将自身定义为"规范性力量"或"规制性行为体"，随着中国的日益强大，欧盟日益将中国视为规则制定上的竞争对手。特别是中国提出"一带一路"倡议后，部分欧盟成员国更是对中国通过"一带一路"合作框架增加对欧洲的投资表示高度关注，一直强调"一带一路"建设要遵守所谓"规则和标准"。欧盟智库机构指出中国在中东欧部分投资项目不符合规定，如匈塞铁

---

① "Will China's '16 + 1' Format Divide Europe?", https://www.csis.org/analysis/will-chinas-161-format-divide-europe.

路（匈牙利段）项目、北马其顿高速公路项目；增加中东欧国家债务风险，如黑山南北高速公路项目；影响当地生态环境，如波黑斯坦纳里火电站项目。这些项目因被认为不符合欧盟规定而成为了中国在中东欧地区"负面"投资的案例。

三是"地缘政治论"。欧盟担心中国—中东欧国家合作可能带来地缘政治和经济影响，担心中国利用投资项目，逐步控制欧洲的主要基础设施，不仅会拉拢中东欧国家，更会进一步对欧盟及主要成员国施压。中国可能会利用其在中东欧国家正在建立地缘政治和经济的影响力，阻碍欧盟出台对中国的一些共同政策。中国—中东欧国家合作中的某些国家可能会利用与中国的牢固关系来加强与欧盟谈判时的筹码。

面对外界对中国—中东欧国家合作的怀疑或误解，中国一直积极加以回应，并与欧盟做好沟通。一方面，中国开展与中东欧国家合作是发展国家间正常关系，不针对任何其他国家或组织；另一方面，中国也不会孤立地看待与中东欧国家的关系，也将其视作发展中欧关系的重要组成部分。

中国—中东欧国家合作是中国与中东欧国家共同创建的合作平台，有助于推动中国与中东欧国家的共同发展和欧洲一体化进程。中国对中国—中东欧国家合作没有地缘政治考虑，坚定支持欧洲一体化。欧盟是维护世界和平与稳定的重要力量，也是中国最大的经贸合作伙伴，一个团结、稳定、繁荣和强大的欧盟符合中方根本利益。中国—中东欧国家合作从未脱离中欧合作的大背景，既能为欧洲一体化进程注入正能量，也能助推中欧关系均衡发展。与中国—中东欧国家合作的宗旨一样，不管是"多速欧洲"，还是"重塑欧洲一体化"改革计划，都是为了促进欧洲经济更加平衡、更加充分发展，促进共同发展，最终实现"一体化"的目标。中国—中东欧国家合作始终遵循包括世贸组织规则在内的国际通行规则，尊重欧盟有关法律法规框架，坚持共商共建共享，要求企业按照市场规则、商业原则参与欧洲招标项目，不搞排他性安排，是公开透明、开放合作的大平台。实践证明，中国—中东欧国家合作既为中国与中东欧国家关系发展注入了新动能，也为深化中欧全面战略伙伴关系打造了新亮点。

第三部分

国别报告

中国—中东欧国家合作平台建立以来，中东欧国家积极参与相关合作，促进了各国在各领域对华关系的发展。中东欧国家通过参与中国—中东欧国家合作，在商品贸易、设施建设、项目合作、人文交流等领域获得了切实的利益，推动了本国的经济社会发展。本部分分别对中东欧17国参与中国—中东欧国家合作的历史、现状及主要领域对华合作关系进行梳理，通过各国参与合作的相关数据、案例及进展情况的分析，总结中东欧国家参与中国—中东欧国家合作特点，为双边关系和中国—中东欧国家合作的发展提供参考，助推中欧全面战略伙伴深入发展。

阿尔巴尼亚

1949年11月23日，阿尔巴尼亚与中华人民共和国建交，是最早同新中国建交的国家之一。中国—中东欧国家合作的建立为中国同中东欧国家在多领域的紧密合作提供了新的契机，开创了双边+多边合作的新格局，中阿关系由此迎来快速发展时期。2012年以来，两国在政治、经贸、文化、教育等领域不断扩大合作，阿尔巴尼亚积极参加中国—中东欧国家合作框架下的会晤、论坛，在多边合作的引领下中阿双边合作取得进展，双方合作意愿明显加强。2019年12月，阿尔巴尼亚宣布对中国实施免签政策，成为塞尔维亚和波黑之后，第三个对中国免签的中东欧国家[①]。

一 政治互信加深，多层级互访增加

中国—中东欧国家合作框架确立以来，阿尔巴尼亚每年均积极参与中国—中东欧国家合作框架下的领导人会晤高级

[①] 此前阿尔巴尼亚对华实行旅游旺季（3—10月）免签政策。

别多边会晤、论坛活动等。阿尔巴尼亚总理拉马（Edi Rama）在 2019 年同李克强总理会谈时表示，阿尔巴尼亚积极支持同中国合作，希望扩大阿尔巴尼亚农产品对华出口，并期待中方为阿方人才在华工作提供良好的环境。①

2012 年以来，领导人会晤与数次多层级互访展现了两国发展双边关系的意愿，为中阿扩展和深化合作指明方向。2014 年 9 月，李克强总理在天津会见来华出席夏季达沃斯论坛的阿总理拉马。12 月，第三次中国—中东欧国家领导人会晤在贝尔格莱德举行，李克强总理再次会见拉马。2015 年 11 月，拉马来华出席第四次中国—中东欧国家领导人会晤，习近平主席集体会见来华参会的中东欧国家领导人，李克强总理举行了双边会见。2016 年 11 月，拉马赴拉脱维亚里加出席第五次中国—中东欧国家领导人会晤，李克强总理双边会见。2018 年 7 月，在索非亚举行的第七次中国—中东欧国家领导人会晤上，李克强总理会见拉马。其间，中国驻保加利亚大使张海舟代表中方与阿尔巴尼亚签署《中华人民共和国国家卫生健康委员会和阿尔巴尼亚共和国卫生和社会保障部关于卫生领域合作 2018—2020 年度执行计划》。2019 年，中阿共同庆祝建交 70 周年。4 月，李克强总理在克罗地亚杜布罗夫尼克会见出席第八次中国—中东欧国家领导人会晤的阿尔巴尼亚总理拉马。

根据《中国—中东欧国家合作索非亚纲要》，2019 年 10 月，在阿尔巴尼亚首都地拉那召开第四届中国—中东欧国家

---

① 《拉马会见中国总理》，《马波报》2019 年 4 月 12 日，https://gazetamapo.al/qeveria-i-sulmoi-per-rinasinpor-rama-takohet-me-kryeministrin-kinez/.

首都市长论坛，为各国首都城市管理者提供了交流经验的机会和深化对华合作的平台。作为会议成果，北京市贸促会与地拉那工商会在地拉那市政府签订了友好合作协议。这一时期，阿尔巴尼亚与中国的地方交流往来增加，江苏省政协代表团、河北省农业代表团等团体访阿；阿斯库台大区、地拉那大区、都拉斯市、培拉特市代表团访华。此外，在北京市主动对接中国—中东欧国家合作后，地拉那与北京在城市管理与规划、建设绿色城市等方面寻求合作。2015年，扬州市与发罗拉市签署了《建立友好交往城市关系备忘录》并开展文化交流及友好城市交往活动。

除了政府间往来，中阿两国政党间也频繁互动。2018年4月，阿尔巴尼亚副议长希西（Vasilika Hysi）率议会多党联合代表团访华。6月，中共中央对外联络部部长助理沈蓓莉率中共代表团访问阿尔巴尼亚。10月，阿尔巴尼亚争取一体化社会运动党主席克吕埃马齐（Monika Kryemadhi）访华，会见中共中央对外联络部部长宋涛。两党关系的加强有助于中阿两国关系的进一步发展，克吕埃马齐表示非常愿意在旅游、农业、基础设施和法律等领域深化合作；进一步增加高层互访，交流成功经验；同时，加强两国青年的交流，继承传统友谊。[1]

在国际问题上，阿尔巴尼亚政府采取维护欧盟、北约的立场，支持多边主义。阿尔巴尼亚驻华大使贝洛尔塔亚（Selim Belortaja）表示，"一带一路"倡议、中国—中东欧国

---

[1] https://www.kohajone.com/2018/10/30/kryemadhi-vizite-ne-kine-bashkepunim-mes-dy-vendeve/.

家合作框架等都为阿中关系发展提供了新契机，同时强烈希望激活阿中关系的宝贵历史遗产、推动两国关系向前发展。[1]

二 经济合作深化，农业科技先行

2012 年中国—中东欧国家合作设立以来，中阿两国经济往来明显增加，贸易额显著增长，双边合作领域得到扩展。2012 年，中国对阿尔巴尼亚出口总额为 3.4 亿美元，并在随后六年保持增长态势，2019 年达到 6 亿美元，较 2012 年涨幅达到 76.5%。中阿进出口总额从 2012 年的 4.9 亿美元增至 2019 年的 7 亿美元，[2] 涨幅达 42.9%。根据阿尔巴尼亚国家统计局数据，2019 年，阿尔巴尼亚对华出口额为 62.11 亿列克（约合 0.6 亿美元），对华进口额为 597.16 亿列克（约合 5.5 亿美元），相比上一年分别增长 9.1% 和 10.7%。2019 年，中国排在意大利、希腊之后，成为阿尔巴尼亚第三大贸易合作伙伴。[3] 中阿贸易额整体稳步增长，除欧盟成员国外，中国成为阿尔巴尼亚最重要的贸易伙伴。阿尔巴尼亚主要从中国进口机械设备和零部件、纺织品和鞋类、建筑材料和金属及化学和塑料制品等，主要向中国出口矿产品。

2016 年，光大控股收购地拉那国际机场的特许经营权；

---

[1] 《驻华大使贝洛尔塔亚专访：阿尔巴尼亚与中国的政治和经济关系》，《阿尔巴尼亚报》2017 年 11 月 2 日，http://www.gsh.al/2017/11/02/interviste-ekskluzive-ambasadorin-selim-belortaja-marredheniet-politike-dhe-ekonomike-mes-shqiperise-dhe-kines/。
[2] 参见商务部欧洲司网站，http://ozs.mofcom.gov.cn/article/zojmagx/date/?z。
[3] 阿尔巴尼亚国家统计局：《2019 年 12 月对外贸易》，2020 年 1 月 17 日，http://www.instat.gov.al/al/temat/tregtia-e-jashtme/tregtia-e-jashtme-e-mallrave/publikimet/2019/tregtia-e-jashtme-dhjetor-2019/。

同年，洲际油气股份有限公司收购加拿大班克斯公司100%股权，实现对帕托斯—马林扎（Patos – Marinza）油田的投资、生产和管理，为阿尔巴尼亚创造了两千余个就业岗位。此外，华为、中广国际、中国路桥、中国电建、海隆油服等在电信、传媒、基建、石油等不同领域均在阿尔巴尼亚有落地项目。据中国商务部统计，2018年中国企业在阿尔巴尼亚新签合同额为308万美元，完成营业额266万美元；① 较2017年分别增长115.6%和45.8%。中国已成为阿尔巴尼亚主要外资来源国，阿尔巴尼亚政府也对来自中国的投资表现出欢迎态度。2018年6月，中国—阿尔巴尼亚政府间经贸合作混委会②第九次会议在宁波举行，双方针对贸易、投资、基础设施建设、园区、旅游合作等重点议题进行探讨。为进一步扩展阿尔巴尼亚商品在华市场，2018年11月，阿尔巴尼亚财政经济部副部长什库尔塔（Albana Shkurta）率团来华参加首届中国国际进口博览会。阿尔巴尼亚国家展馆充分展示其在旅游、农业、能源、基础设施等领域吸引外资的优势，宣介优质特色农产品，如蜂蜜、红酒、山茶和能量饮料等本土产品，③ 参会者得以近距离了解阿尔巴尼亚丰富的农产品和旅游资源。进口博览会为阿尔巴尼亚企业家提供了进入中国市场的机会。

---

① 中国商务部：《对外投资合作国别（地区）指南——阿尔巴尼亚》（2019年版），http://www.gdqy.gov.cn/qysfj/attachment/0/23/23943/1302107.pdf。

② 中阿经贸混委会成立于1989年，是双边经贸合作的重要交流机制。2017年4月，时任中共中央政治局常委、国务院副总理张高丽应邀访阿，其间与阿总理拉马共同确定将混委会级别由司局级提升至部级，双边经贸交流合作平台达到新高度。

③ 《阿尔巴尼亚参加首届中国国际进口博览会》，阿尔巴尼亚通讯社，2018年11月9日，https://www.rtsh.al/lajme/shqiperia – ne – ekspoziten – e – 1 – re – nderkombetare – te – importit – te – kines/。

事实上，位于东南欧的阿尔巴尼亚拥有得天独厚的农业发展条件，受山地地形和地中海气候影响，蜂蜜、葡萄、橄榄等农产品质优价廉。农业是该国支柱产业，也是中阿合作的优先方向，两国在该领域合作潜力大。2014 年，时任中国农业部副部长牛盾率团访问阿尔巴尼亚，双方签署了关于加强农业合作的谅解备忘录。2016 年，中国政府高级代表团访阿期间，双方签署经济技术合作协定；两国开启农业人力资源开发项目，商定建设农业合作示范中心，并于 2018 年 7 月由中国农业大学和阿尔巴尼亚地拉那农业大学共同创建，以帮助阿尔巴尼亚农业走向现代化。11 月，农业科技创新中心在地拉那农业大学开办中阿园艺蔬菜培训班，以期将中国的科技实力和经验与阿尔巴尼亚优越的种植环境相结合，促进阿尔巴尼亚蔬菜产业更快更好发展，这也是中方响应阿尔巴尼亚政府"百村计划"倡议[①]的具体行动。

2012 年以来，双方先后签署《中阿双边本币互换协议》、《融资合作工作机制谅解备忘录》、《阿尔伯里公路项目融资合作备忘录》、《中华人民共和国政府和阿尔巴尼亚共和国政府经济技术合作协定》、《中华人民共和国政府和阿尔巴尼亚共和国政府经济技术合作协定》、《中华人民共和国海关总署与阿尔巴尼亚共和国海关总署关于海关合作与行政互助的协定》等合作文件。

---

① "百村计划"倡议（Nisma e 100 fshatrave）由阿尔巴尼亚政府提出，200 名阿尔巴尼亚青年参与到宣传、推广 100 个旅游村的行动中。《200 位青年眼中的 100 个旅游村》，2019 年 6 月 29 日，阿尔巴尼亚信息网，https：//www.albinfo.ch/100-fshatrat-turistike-ne-syrin-e-200-te-rinjve/。

三 人文交流密切，教育科研互学互鉴

中国和阿尔巴尼亚是传统友好伙伴，两国人文交流具有深厚的基础。中国—中东欧国家合作启动后，中阿人文交流愈发紧密，媒体、教育、出版、科研等多领域合作成果丰富。2013年，中国国际广播电台调频台在阿尔巴尼亚落地，阿尔巴尼亚首家孔子学院在地拉那大学揭牌成立，首批中小学汉语课堂正式开班。此后，两国签署《中国文化部和阿尔巴尼亚文化部2016—2020年文化合作计划》和《中阿经典图书互译出版项目合作协议》，出版了阿尔巴尼亚文版《习近平经典引句解读》、《习近平谈治国理政》，以及众多经典互译作品。

为进一步促进两国人民的往来，中阿政府为简化签证手续不断努力。2016年，外交部长王毅与阿尔巴尼亚时任外长布沙蒂（共同签署相互简化签证手续的谅解备忘录，两国为双方从事商务、旅游、探亲活动的公民颁发5年多次有效签证。2018年3月，阿尔巴尼亚政府宣布对持普通护照的中国公民实行旅游旺季免签。此次签证政策的进一步简化展现了阿尔巴尼亚政府吸引中国游客的意愿，也极大激发了中国游客前往阿尔巴尼亚度假的热情。截至2018年11月，阿尔巴尼亚的中国游客较上一年同期增长64%。[①] 来自中国的游客人数增长率在所有外国游客中最高。2019年12月18日，阿尔巴尼亚部长会议决议对短期赴阿的中国公民实行免签政策，持

[①] 《阿尔巴尼亚的中国游客增长64%》，阿尔巴尼亚通讯社，2018年11月23日，http://ata.gov.al/2018/11/23/rritje-me-64-e-turisteve-kineze-ne-shqiperi/。

普通护照的中国公民可免签入境，允许180天内在阿尔巴尼亚停留不超过90日。① 此次单方面免签普遍被视为进一步吸引中国游客访阿、推动阿旅游业发展及中阿相关产业合作的举措。

中阿两国学界共同推动双边交流，教学科研与文化交流活动丰富多彩，两国高校、科研机构的合作与交流也越来越频繁。2018年4月，阿尔巴尼亚高级别教育代表团访华，在北京、扬州拜访多所中国高校及科研机构，② 并于2019年再次到访中国。2018年10月，阿尔巴尼亚科学院首次举办"阿尔巴尼亚学中国日"活动，并宣介由北京外国语大学主编、翻译的《阿尔巴尼亚语汉语—汉语阿尔巴尼亚语精编词典》、《阿尔巴尼亚历史与文化遗产概览》与小说《事故》。③ 三部新作的出版是中国阿尔巴尼亚语学界在辞书、翻译、语言及文化研究领域的突破，也是近年两国学术交流的代表性成果。11月，阿尔巴尼亚总理拉马将"国家贡献勋章"授予北京外国语大学阿尔巴尼亚语专业教授柯静。④

为了庆祝中阿建交70周年，2019年10月，由阿尔巴尼亚科学院、发罗拉大学、北京外国语大学和阿中文化协会共

---

① 《2019年12月18日第816号决议》，阿尔巴尼亚司法部，2019年12月18日，https：// qbz. gov. al/eli/vendim/2019/12/18/816。
② 《中阿高校合作增加》，阿尔巴尼亚通讯社，2018年4月5日，http：//ata. gov. al/2018/ 04/05/rritet – bashkepunimi – mes – universiteteve – shqiptare – dhe – atyre – kineze/。
③ 《中国阿尔巴尼亚学家惊艳地拉那，阿尔巴尼亚相关书籍和项目得到宣传》，《阿尔巴尼亚日报》2018年10月31日，http：//www. gazetadita. al/albanologet – kineze – cudisin – tiranen – promovohen – botime – dhe – projekte – per – shqiperine/。
④ 《总理授予柯静教授"国家贡献勋章"》，阿尔巴尼亚通讯社，2018年11月2日，http：//ata. gov. al/2018/11/02/profesoresha – ke – jing – nderohet – me – medaljen – e – mirenjohjes – se – kryeministrit/。

同主办了一系列活动，包括图书出版成果展和"中阿关系：历史、现状及前景"国际学术研讨会。这一系列活动增进了中国对阿尔巴尼亚及周边区域的关注与研究，促进中阿两国的文化交往和文明互鉴。在此期间，阿尔巴尼亚总统梅塔为中国艺术科学院研究员、阿尔巴尼亚文学翻译家郑恩波和新华社高级记者、阿尔巴尼亚问题研究专家王洪起颁授了"纳伊姆·弗拉舍里"金质荣誉奖章（Titulli "Naim Frashëri"），表彰两人在阿尔巴尼亚文学研究与翻译和中阿关系领域所作的杰出贡献。[①] 该奖章是阿尔巴尼亚总统授予有突出贡献的国内外学者的最高荣誉，这也是中国学者首次获得授勋。

中阿教育和文化交流历史悠久。从20世纪60、70年代至今，一批批阿尔巴尼亚留华学生为中阿友好事业做出了重要贡献。近年来，随着中阿关系的快速发展，两国高校交流合作日益密切，赴华留学深造学生数量逐年增长。自2013年阿尔巴尼亚首家孔子学院在地拉那大学设立后，2018年，海滨城市都拉斯的亚历山大—莫伊休大学（Universiteti "Aleksandër – Moisiu"）也开设了汉语课程。在中国，目前已有北京外国语大学和北京第二外国语学院[②]两所高校开设阿尔巴尼亚语专业。汉语与阿尔巴尼亚语的学习为两国交流与合作奠定了民意基础。拉马曾表示，中国人是最好的阿尔巴尼

---

① 《总统向两位杰出的中国学者授予"纳伊姆·弗拉舍里"勋章》，《我们的时代报》2019年10月12日，https://www.kohajone.com/2019/10/12/presidenti – dekoron – me – titullin – naim – frasheri – dy – personalitete – te – shquara – kineze/。

② 1961年北京外国语大学开设阿语专业并招收第一届学生。2018年，北京第二外国语学院开始招收阿尔巴尼亚语专业本科生。目前，北京外国语大学是亚洲地区唯一同时开设阿尔巴尼亚语专业本科及研究生课程的高校。

亚语守护者，^①中国的阿语教学与研究为保护阿尔巴尼亚语言作出极大贡献。此外，中国也积极开展在阿文化交流。2018年11月，中阿签署《中华人民共和国政府和阿尔巴尼亚共和国部长会议关于在阿尔巴尼亚设立中国文化中心的协定》，以促进中国文化在阿尔巴尼亚的推广。

除教育与科研领域的合作交流之外，两国媒体也开展合作，以增进相互了解。2018年9月，中宣部副部长、国家广播电视总局局长聂辰席率中国广播电视代表团访问阿尔巴尼亚，拜会阿尔巴尼亚议会议长鲁奇（Gramoz Ruçi），并代表国家广播电视总台与阿尔巴尼亚视听媒体管理局签署了中阿广播电视合作备忘录、节目交流协议和新闻合作备忘录等多项协议。自2013年中国国际广播电台在阿尔巴尼亚落地以来，地拉那调频台每天播出10小时阿尔巴尼亚语节目，覆盖人口逾百万，超过阿尔巴尼亚总人口的三分之一，成为在阿尔巴尼亚宣介中国形象的重要媒介。

---

① 《总理拉马：看向中国》，《我们的时代报》2019年11月11日，https://www.kohajone.com/2019/11/11/kryeministri-rama-me-syte-nga-kina/。

波　　黑

波黑与中国在中国—中东欧国家合作框架下的合作进展顺利。两国政治关系稳定，波方对同中国合作态度积极。2019年，波黑战后最大基础设施项目图兹拉火电站7号机组项目合同生效，为两国之间的务实合作开辟了新前景。中国与波黑地方和人文交流日益深入，成为两国民心相通的一大亮点。

一　波黑积极参与"中国—中东欧国家合作"

中国—中东欧国家合作2012年正式启动以来，波黑全面参与了该合作框架下的各项活动，波黑对同中国进行双边合作以及在中国—中东欧国家合作框架下进行多边合作的态度积极。

截至2019年年底，波黑承办了几场规模较大、级别较高的中国—中东欧国家合作框架下的活动，分别为：2016年5

月中国—中东欧国家合作经贸论坛暨第七届萨拉热窝经贸论坛[①]，2017年4月中国—中东欧国家农产品和葡萄酒博览会，2017年11月第三届中国—中东欧国家旅游合作高级别会议，2018年4月中国—中东欧国家农业投资与装备合作博览会，2018年11月第三届中国—中东欧国家创新合作大会。

波黑政府重视参与中国—中东欧国家合作，在2018年2月波黑提交给欧盟的入盟问卷[②]中对于发展对华关系和参与中国—中东欧国家合作有着高度评价，认为两国的双边关系"非常好，没有悬而未决的问题"，波黑继续同中国发展双边政治、经济和其他领域的合作是本国的"重要外交利益"所在；此外，中国—中东欧国家合作对波黑"意义重大"，波黑未来一段时间将深化和中国在中国—中东欧国家合作框架下的经济合作。[③]

2019年4月，波黑部长会议主席（政府总理）兹维兹迪奇（Denis Zvizdić）在第八次中国—中东欧国家领导人会晤的大会发言中表示，中国—中东欧国家合作下的伙伴关系是可持续的，他本人也见证了该合作框架下各国合作的不断发展，

[①] 2015年《中国—中东欧国家合作苏州纲要》内容之一，该论坛借第七届萨拉热窝经贸论坛举办，重点探讨中国—中东欧国家基建、产能和旅游合作。

[②] 2016年波黑向欧盟提交入盟申请之后，欧盟对波黑发放的涉及波黑政治、经济、社会和外交等各方面政策、立法以及与欧盟衔接的情况的问卷，基于波黑的回答对波黑出具入盟意见。波黑答卷全部内容见 http：//www. dei. gov. ba/dei/direkcija/sektor_strategija/Upitnik/odgovoriupitnik/Archive. aspx? langTag = bs – BA&template_id = 120&pageIndex = 1 和 http：//www. dei. gov. ba/dei/direkcija/sektor_strategija/Upitnik/dodatnapitanja/Archive. aspx? langTag = bs – BA&template_id = 120&pageIndex = 1。

[③] 参见 http：//www. dei. gov. ba/dei/direkcija/sektor_strategija/Upitnik/odgovoriupitnik/? id = 19598 中 PDF 文件 "Poglavlje 31"，第40—42页。

波黑将继续积极参与落实已有协议的项目。①

波黑对同中国合作的重要性也日益看重。波黑智库学者呼吁波黑把目光更多投向正在崛起的亚洲，为自身发展所用。波黑学者阿尼斯·巴伊雷克塔雷维奇（Anis Bajrektarević）曾在波黑著名知识分子团体"99"独立知识分子协会的会议上表示，世界上正在发生一场"亚洲大变局"，"世界的制造业中心如今就在亚洲，包括中国"。波黑应该和有经济发展优势的国家合作，与本地区国家和亚洲国家进行经济合作，"不出四年，波黑及其周边国家的社会、经济、文化和心理趋势就会完全不同，而我们的任务是尽快尝试、实现并投入这一合作，使我国摆脱困境"。②

二　中国与波黑的务实合作

中国—中东欧国家合作开展以来，中方关注并对接波黑经济发展战略需求，中波经济合作大项目接踵而至，且对多种合作模式进行了有益探索，成效显著，两国在各领域合作也得到不断拓展。

2016年9月，中波1995年建交以来首个大型基础设施合作项目波黑斯塔纳里火电站竣工，这是首个使用中国—中东欧国家合作100亿美元专项贷款的项目，是使用该项贷款竣工的第一个项目，也是中国企业在欧洲独立设计和独立施工的

---

① 参见波黑部长会议官网2019年4月12日报道，http：//vijeceministara.gov.ba/saopstenja/predsjedavajuci/govori_predsjedavajuceg/default.aspx?id=30376&langTag=bs-BA。

② 波黑"99"独立知识分子协会2015年5月17日转载波黑联邦通讯社（Fena）报道，https：//www.krug99.ba/bajraktarevic-ozdravljenje-bosne-i-hercegovine-preko-azije/。

第一座火电站。项目业主是英国企业 EFT 集团，承建方为中国东方电气集团有限公司。2019 年 3 月，中国国药集团承建的波黑塞族共和国多博伊（Doboj）"圣使卢卡"医院项目签约并奠基，成为中国企业在波黑实施的第一个医疗卫生项目。这家医院投资超过 5000 万欧元。2019 年 11 月，中国建筑股份有限公司和中国电力建设集团有限公司承建的波黑泛欧"5C 走廊"高速公路查普利纳（Capljina）段项目正式开工，工程总造价约 1 亿欧元，由欧洲投资银行提供融资，这是中国企业首次在波黑同欧盟开展第三方市场合作项目。

2019 年 12 月，中波合作的波黑战后最大基础设施项目图兹拉火电站 7 号机组项目合同生效。该项目由中国能建葛洲坝集团和广东省电力设计研究院总承包，合同金额 7.22 亿欧元（不含增值税），也是迄今为止中国企业在中东欧地区的最大电力项目。这一项目符合波黑的清洁火电战略需求，全厂采用欧标设计，满足 BAT（Best Available Technology）技术要求，排放指标满足最新欧盟排放标准，是波黑第一个采用欧盟最新环境排放标准的火力发电机组。

虽然波黑和中国的经济合作目前仍以基础设施建设为主，两国其他领域的企业近年来也开始逐渐发现和探索对方的市场，希望将合作拓展到更广阔的领域。

2019 年 4 月，中国继 2005 年之后第二次以主宾国身份参加莫斯塔尔经贸博览会，展位面积达 2000 平方米，超过该展会历史上所有其他主宾国，中国共有 90 家企业 200 余人参加，同样规模空前。波黑企业积极参与 2015—2018 年举办的中国—中东欧国家投资贸易博览会以及 2019 年开始举办的中国—

中东欧国家博览会，虽然每年来华参与博览会的波黑企业总数在中东欧国家中不算多，但是，2019年有9家波黑企业参展，比2015年时的3家已有较大提升。波黑参与该博览会的企业主要为农产品和食品生产企业。此外，中企和波黑企业在风电、水电、石材加工、木材进出口、芳香精油产品和汽车零部件生产等领域也已开展合作或进行接洽。

波黑国内媒体认为，波黑应该积极抓住中国—中东欧国家合作和"一带一路"倡议的机遇，通过与中国进行经济合作促进本国发展。波黑智库学者指出："波黑应该仔细考虑自身的优势和优先要务，积极融入'新丝绸之路'并实现自己的利益，由此吸引新的投资和资源以提升基础设施并提高本国公民的生活水平。"[1]

三 双边人文交流日益频繁

2012年以来，波中两国人员往来日渐活跃，地方、知识界和青年交流日趋频繁。2018年5月29日，波黑和中国在第六次中国—中东欧国家领导人会晤期间签署的对持普通护照人员互免签证的协议生效，对于进一步便利和推动两国的民间交往和人文交流是重大利好。据波黑方面统计，在实行免签政策的当年（2018年），共有58235人次中国公民入境波黑，比2017年几乎翻番[2]。2019年共有超过10万人次中国公

---

[1] Љиљана Стевић, Милош Грујић, Босна и Херцеговина на новом путу свиле, Политеиа, бр. 10, Бања Лука, децембар, 2015, p. 82.

[2] 波黑统计局，"Statistika turizma, kumulativni podaci, januar – decembar 2018", http://bhas.gov.ba/data/Publikacije/Saopstenja/2019/TUR_02_2018_12_0_BS.pdf。

民入境波黑[①]，较 2018 年增幅超过 43%。相比之下，2012年，入境波黑的中国公民人数只有 3369 人次。[②] 2019 年 8 月，入境波黑的中国公民在波黑平均过夜天数达 1.3 天[③]，为免签以来的最高水平，显示出中国人对波黑的了解不断加深，波黑对中国人的吸引力不断提升。

地方交流方面，中国多个省市的政府和商贸代表团访问波黑，波黑地方领导人也多次访问中国。其中，天津市早在 1981 年就和萨拉热窝结成了友好城市，近年来这两座城市的互动日益频繁。2018 年 11 月，应萨拉热窝市政府邀请，"天津媒体'一带一路'友城行"采访团访问波黑。萨拉热窝市曾举办过 1984 年冬奥会，冬季运动项目有一定基础。2018 年 12 月，天津越野滑雪队的 12 名青少年年龄段队员开始在东萨拉热窝的亚霍里纳奥林匹克中心进行为期三个月的冬训。2019 年 12 月，由天津市赠建的一座中式亭子在萨拉热窝的萨菲特·扎伊科（Safet Zajko）体育公园揭幕，取名"联谊亭"，萨拉热窝老城标志性的"甘露亭"也将出现在天津。

波黑汉语教育近年来取得长足发展。2015 年 4 月，由西北师范大学与萨拉热窝大学合办的萨拉热窝大学孔子学院成立，这是在波黑的首家孔子学院。2018 年 1 月，由天津职业技术师范大学与巴尼亚卢卡大学合作共建的波黑第二所孔子

[①] 波黑统计局，"Statistika turizma, kumulativni podaci, januar – decembar 2019"，http：//bhas. gov. ba/data/Publikacije/Saopstenja/2020/TUR_02_2019_12_0_BS. pdf。

[②] 波黑统计局，"Statistika turizma, decembar 2012"，http：//www. bhas. ba/saopstenja/2013/TUR_2012M12_001_01 – bos. pdf。

[③] 波黑统计局，"Statistika turizma, august 2019"，http：//bhas. gov. ba/data/Publikacije/Saopstenja/2019/TUR_01_2019_08_0_BS. pdf。

学院——巴尼亚卢卡大学孔子学院成立。在波黑塞族共和国，汉语已被列入中小学法定第二外语清单。目前，波黑塞族共和国东新萨拉热窝（Istočno Novo Sarajevo）的圣萨瓦小学[①]和波斯尼亚沙马茨（Bosanski Šamac）的"塞尔维亚"小学在内的4所中小学都已经开办了汉语教室。截至2019年6月，共有10位中国汉语教师在波黑塞族共和国工作。2019年，东萨拉热窝大学哲学院在其开设的汉学系基础上，成立了波黑首个中国研究中心。

借助艺术文化作品可增进双方的人文交流与民心相通。正如很多中国人对波黑的印象来自南斯拉夫经典电影《瓦尔特保卫萨拉热窝》、著名导演库斯图里察的电影作品以及南斯拉夫时期诺贝尔文学奖得主伊沃·安德里奇的波斯尼亚三部曲，很多波黑人对中国的认识则是孔子的名言以及李小龙和成龙的功夫，可见文艺和大众传媒在一国的文化和形象传播当中扮演着相当重要的角色。中波两国的当代文艺也精彩纷呈，有很大的交流空间，能为增进两国人民之间的互相认识和理解提供新的动力。在波黑已经举办过中国电影周，中方参与过波黑的诗歌节，中国当代著名作家余华和莫言等人的作品已经被翻译成塞尔维亚语，两国可以加强文艺交流和出版合作，波黑当代作家的优秀作品定能在中国找到读者，而中国的影视剧也定能在波黑找到观众。

[①] 相当于中国小学和初中阶段教育。

保加利亚

保加利亚地处东南欧巴尔干半岛的东北部，是连接亚欧大陆的桥梁。保加利亚是世界上第二个承认中华人民共和国的国家，与中国有着传统的友好关系。双边关系在70年的发展中，经历过风雨，但总体保持平稳。随着中国—中东欧国家合作的启动，两国不断开展高层交往，增加政治互信，积极探索合作的领域和渠道。

一 积极参与和推动中国—中东欧国家合作

（一）借助中国—中东欧国家合作等平台，加强双边高层交往

自2012年以来，在中国—中东欧国家合作框架下的年度会晤增加并切实推动了中国与保加利亚高级别的对话与交流。2012—2019年，两国举行了两次元首级会晤，两国政府首脑的双边会晤达五次。自2015年在苏州举行的第四次中国—中东欧国家领导人会晤后，保加利亚总理博里索夫（Boyko Borisov）连续五年出席总理级多边会晤。中国全国人大常委

会与保加利亚国民议会的高层互访也持续不断。高层交往为两国外交、经贸、科技、人文等各领域合作开辟了广阔的空间，也将两国关系发展提升至新的高度。

保加利亚总统罗森·普列夫内利埃夫（Rosen Plevneliev）于 2014 年 1 月 12 日至 15 日访华。这次访问被保加利亚方面评价为"循序渐进，不断朝着深化和扩大双边合作的方向发展"。[①] 在中保建交 65 周年之际，此次访问引起了中保两国媒体的热烈关注。普列夫内利埃夫总统与习近平主席共同发表了《中华人民共和国和保加利亚共和国建立全面友好合作伙伴关系的联合公报》，将两国关系提升至"全面友好合作伙伴关系"。

2019 年 7 月，保加利亚总统拉德夫（Rumen Radev）结合出席第十三届夏季达沃斯论坛对华进行国事访问。访问期间，习近平主席同拉德夫举行会谈，双方发表《中华人民共和国和保加利亚共和国关于建立战略伙伴关系的联合声明》。时隔五年，两国关系从"全面友好合作伙伴关系"迈向"战略伙伴关系"。

保加利亚是"一带一路"建设的积极参与方。保加利亚凭借自身地理位置，丰富的森林、农业资源，完整的教育体系等优势，加强与中国在经贸、文化、旅游等领域的交流和合作，双方贸易和投资较以往显著提高。与此同时，保加利亚民间组织在促进"一带一路"建设方面也发挥着重要作用。2017 年 4 月 11 日，保加利亚"斯拉夫人"基金会发起的促进

---

① https：//news. bg/politics/zapochvame － vsestranno － satrudnichestvo － s － kitay. html.

"一带一路"合作国家联合会在保加利亚首都索非亚成立，联合会旨在推动保政府部门和公众更全面地了解和参与"一带一路"倡议。①

（二）巩固传统友好，拓展全球伙伴关系

保加利亚是世界上第二个承认中华人民共和国的国家，与中国有着传统而深厚的友谊。随着中国—中东欧国家合作的持续深化，两国关系在健康发展中稳步向前。

2018年对保加利亚来说颇为重要，不仅担任为期六个月的欧盟轮值主席国，还第一次主办中国—中东欧国家领导人会晤。保加利亚抓住这一历史机遇，在推动中欧关系和中国—中东欧国家合作方面做出了努力。作为欧盟轮值主席国，保加利亚的目标之一就是推动西巴尔干的发展和融入欧洲的进程。而对于欧盟内部关于中国—中东欧国家合作是否会导致欧盟成员国在对华态度上出现分裂的质疑，保加利亚也给予了正面的引导，发挥了积极作用。②

2018年7月7日，李克强总理在出席第七次中国—中东欧国家领导人会晤并对保加利亚进行正式访问期间，与保加利亚总统拉德夫举行双边会见。拉德夫提议：成立中国—中

---

① 《保加利亚"一带一路"全国联合会主席扎哈里耶夫："一带一路"带来前所未有的发展机遇》，2018年7月9日，中华网，https://news.china.com/internationalgd/10000166/20180709/32653313.html。

② 2018年1月10日保加利亚担任欧盟轮值主席国之初，在北京记者会上，多位西方媒体记者问道，"16+1合作"是否会导致欧盟成员国在对华态度上出现分裂。对此，保加利亚驻华大使波罗扎诺夫回应道，在"16+1合作"中，在涉及欧盟政策和法律的时候，中东欧国家与欧盟机构保持了密切的沟通，消除了各方的疑虑。同时，他也表示，作为经济大国，中国给所有的经济伙伴都提供了机会，"16+1"是一个互利共赢的合作平台。（来源：中国驻保加利亚经商参处。）

东欧国家合作索非亚研究中心，研究各方规划规则，寻求欧盟政策与中国—中东欧国家合作的双赢。[①] 李克强总理表示成立这一研究中心是衔接中国—中东欧国家合作与欧盟法律法规的重要途径，不仅有助于向外界"解疑释惑"，还可以向中国—中东欧国家合作有关机制提供咨询报告，以便有针对性地解决问题。中方愿积极研究成立中国—中东欧国家合作索非亚研究中心的设想，并推进这一提议。这体现在7月7日签署的《中国—中东欧国家合作索非亚纲要》："各方同意在保加利亚成立'中国—中东欧国家全球伙伴中心'，为中国—中东欧国家合作提供政策、法律咨询及智力支持。"[②]（第四部分第十七条）2019年4月12日，李克强总理在杜布罗夫尼克出席第八次中国—中东欧国家领导人会晤后，与保加利亚总理鲍里索夫、克罗地亚总理普连科维奇共同为"中国—中东欧国家全球伙伴中心"揭牌，宣布"中国—中东欧国家全球伙伴中心"正式成立。

二 经贸合作领域不断拓展

保加利亚是我国在巴尔干地区的第四大贸易伙伴，中国是保加利亚在亚洲的第一大贸易伙伴（全球第8，欧盟外第3）。近年来中保双边贸易稳定增长，双向投资逐步扩大，合作机制不断完善。2012年中国—中东欧合作框架创立以来，

[①] 《保加利亚总统这项提议与李克强"一拍即合"》，2018年7月7日，中国—中东欧国家合作官网，http://www.china-ceec.org/chn/zyxw/t1575056.htm。

[②] 《中国—中东欧国家合作索非亚纲要（全文）》，2018年7月8日，中国政府网，http://www.gov.cn/xinwen/2018-07/08/content_5304787.htm。

中保经贸关系稳步发展，在贸易、投资、农业、基础设施以及旅游等领域合作取得了长足进步。[①]

（一）双边经贸关系

1952 年，中保签订第一个政府间贸易协定；1985 年，两国成立了政府间经济、贸易及科技合作委员会（副部长级别）。截至 2020 年 1 月，中国—保加利亚经济联委会（自 2007 年改称）已举行 17 次会议。

中保经贸关系总体呈现稳中有升态势，主要表现在：

第一，双边往来更加密切，政府和企业间经贸团组互访频繁。2015—2017 年，李克强总理三次会晤保加利亚总理鲍里索夫，共同就中保在农业、交通、基础设施、信息通讯等领域合作进行交流。截至 2017 年 11 月，中保双方共就五类农产品输华签订了检验检疫议定书。2018 年 7 月 5 日至 8 日，李克强总理在索非亚与鲍里索夫总理会晤，并见证签署了《中华人民共和国商务部和保加利亚共和国经济部关于中小企业合作谅解备忘录》。2018 年 11 月，保加利亚经济部长卡拉尼科洛夫率团参加首届中国国际进口博览会，45 家保加利亚企业参加企业展，成交额达 2709 万美元；2019 年 11 月，保加利亚副总理尼科洛娃（Mariyana Nikolova）率团参加第二届进博会。2019 年 6 月，首届中国—中东欧国家博览会在宁波举办，保加利亚企业签署了总额 100 万美元的意向采购协议。2019 年 7 月，陕西省代表团在索非亚举办"保加利亚—中国

[①] 《保加利亚与中国的经贸合作》，商务部网站，http：//history.mofcom.gov.cn/？bandr=bjlyyzgdjmhz。

陕西工业企业发展推介会",具体就港务、航空等领域合作与保方进行交流,并签署相关合作协议。2019年11月,中国对外承包工程商会访保,与保加利亚建筑商会共同举办了"中国—保加利亚基础设施投资与合作论坛",并与保方政府主管部门举行多场工作会谈。2020年1月,中国商务部和保加利亚经济部主办、中国对外承包工程商会和保加利亚中小企业署共同承办的"中国—保加利亚商务论坛"在京举行。

第二,双边贸易总额相对较小,但持续增长。2018年中保双边贸易额已达25.88亿美元,较2012年增长36.6%[1];2019年,双边贸易总额达27.18亿美元,因此增长5.1%。保加利亚对华货物贸易一直是逆差,2019年对华逆差3.9亿美元,占双边贸易14%。[2] 中方主要出口电脑、空调、通信设备,进口有色金属、金属矿砂等。[3]

(二) 双边投资等合作

截至2019年年底,中国对保投资存量为3.8亿美元。目前中方在保加利亚各类投资达到7.4亿美元,几乎是2012年的6倍。[4] 中国企业在保加利亚投资领域从传统的农业、能源、汽车扩展到云平台、图像视觉细分技术等新兴行业;在投资模式上,从贸易合作、投资合作一直拓展到金融、管理

---

[1] 《保加利亚与中国的经贸合作》,商务部网站,http://history.mofcom.gov.cn/?bandr=bjlyyzgdjmhz。

[2] 数据来自中国海关总署。此处罗列数据和保加利亚国家数据统计局2020年2月10日公布数据(https://www.nsi.bg/bg/content)有所出入,与双方计算方法不同有关,同时保加利亚国家统计局采用欧盟统计局模板,将港、澳、台地区贸易额分开计算。

[3] 中国驻保加利亚大使馆网站,http://www.chinaembassy.bg/chn/。

[4] 中国商务部网站,http://ozs.mofcom.gov.cn/article/zojmgx/date/。

模式输出合作。中国—中东欧国家合作开展以来的代表项目有：中国宇通客车项目、天津农垦农场项目、中保合资企业天士农饲料厂、中国—中东欧国家合作框架下首个农业合作示范区、"华为保加利亚"创新平台搭建、代夫尼亚水泥厂项目等。

汽车领域合作有序推进。中国宇通客车与保加利亚索非亚市政达成长期合作，在2016年和2018年相继交付110辆公交车和20辆纯电动公交车，分别标志着中国制造的大客车批量进入汽车排放标准十分严苛的欧盟市场以及保加利亚境内第一批纯电动公交车的启用。2019年4月，宇通再交付22辆天然气公交车，深化了新能源客车在保加利亚的推广应用。

农业合作平稳拓展。2011年，天津农垦集团在保加利亚成立保加利亚公司，租用土地建立综合性大农场。2014年10月，中保两国签署了《中国—中东欧国家农业合作促进联合会执行机构落户保加利亚的谅解备忘录》。2017年5月，两国农业部签署联合声明，中国—中东欧国家合作框架下首个农业合作示范区在保加利亚建立，两国就乳制品等农产品输华签署议定书。2017年11月，中国—中东欧首个农业品电商物流中心在保加利亚普洛夫迪夫市建成。2018年，天津农垦在农业合作示范区试种近700亩小米、与保加利亚合作试种225亩水稻。2018年，天士农年产15万吨的饲料厂在保加利亚试运行投产。2014年以来，保加利亚越来越多的农产品及农业技术，如玫瑰、樱桃、红酒、甜品和乳酸杆菌出口中国，饲料、油料作物和肉类对华出口也呈现稳步增长势头。

通讯科技领域合作逐步深化。2017年华为在保加利亚创新运行"华为保加利亚"平台,已获得保加利亚政府部门及众多企业青睐。同年 5 月,中兴通讯与保加利亚开发控股(BDHL)达成合作协议,将为保加利亚首都东郊一智慧城市建设项目提供科技支持。2018 年 3 月,中科创达以 3100 万欧元收购保加利亚 MM Solution 公司,在先进智能视觉技术细分领域上与保加利亚实现强强联合。

基础设施领域合作走在前列。这些项目包括在欧盟的第一个烟气脱硫环保工程;第一个水泥生产线总承包项目;第一个中国—中东欧国家农业合作示范区项目。2019 年 4 月,中国机械设备工程公司成为保加利亚重要港口城市瓦尔纳建设项目总承包商,建成后将进一步完善当地物流体系,带动当地经济发展。之外,还有一大批中企正在跟踪保加利亚铁路、公路、港口等基础设施开发项目。两国基础设施领域合作的潜力很大。[①]

代夫尼亚水泥厂项目是中保合作的一个重要工程,由意大利水泥集团投资,中材建设总承包,是中国公司在保加利亚承包的最大项目。该项目解决了当地 4000 多个就业岗位,还获得保加利亚 2014 年工业建筑技术革新和拓展类奖"年度最佳建筑奖"。这是该奖设立 13 年来,首次有中国公司获此殊荣。

可再生能源领域步伐放缓。2010 年 11 月,伊赫迪曼太阳能光伏电站正式并网发电,这是中国在保加利亚投资的第一个太阳能光伏电站,电站装机容量 2 兆瓦,年发电 250 万千瓦

---

① 《中国投资深受保加利亚欢迎 特别是基础设施建设方面》,2019 年 11 月 28 日,新浪网,https://finance.sina.com.cn/world/gjcj/2019 - 11 - 28/doc - iihnzhfz2168988.shtml。

左右。此后的 2013 年 3 月，一批中资企业到保加利亚投资光伏发电项目，承诺装机容量超过 20 万千瓦，在保加利亚投资总额超过 4 亿欧元。① 但由于保加利亚境内可再生能源发展过快，政府突然出台的制衡政策对行业发展和投资者产生不利影响，导致部分在保加利亚的中资风电、光电企业逐步淡出保加利亚能源市场②，如浙江正泰逐渐转让其旗下保加利亚光伏电站的股权，将长期经营项目化为短期经营项目，转移长期的不确定风险。2017—2018 年，保加利亚可再生能源市场回温，保加利亚政府表示将加大对能源部门和可再生能源的投资。

金融领域起步探索。2017 年，中国的国家开发银行、进出口银行分别与保加利亚发展银行签署 8000 万、5000 万欧元贷款协议；中国工商银行与保发行授信合作项目。2018 年 2 月 1 日，保加利亚 DSK 银行宣布其 ATM 机和终端机正式接受银联支付——这是保加利亚首家与银联国际达成战略合作伙伴关系，开通银联支付渠道的银行。

未来，中保之间还有更多合作项目值得期待。目前，中国企业正在争取数个保加利亚基础设施建设项目的投资权，如希普卡（Shipka）隧道项目、鲁塞—瓦尔纳（Ruse - Varna）铁路修复升级项目、索非亚—佩尔尼克—拉德米尔（Sofia - Pernik - Radomir）铁路项目、黑海高速公路项目、鲁塞—大特尔诺沃（Ruse - Veliko Tarnovo）高速公路项目、贝

---

① 数据来源：中国国家能源局，http：//www. nea. gov. cn/2013 - 03/07/c_132215657. htm；中国驻保加利亚经商处：http：//bg. mofcom. gov. cn/。

② 参见赵刚、林温霜、董希骁主编《中东欧国家发展报告（2016—2017）·保加利亚国别篇》，社会科学文献出版社 2018 年版。

列内（Belene）核电站项目（中核集团已进入项目战略投资者名单）等。此外，中方对于保加利亚电动汽车电瓶生产厂、瓦尔纳（Varna）联运中心、保加利亚工业园区开发与建设、电商物流中心建设、保—希天然气管道建设和火电站技术改造等项目十分关注，支持并鼓励有实力的中国企业赴保加利亚投资。

三 人文交流成果显著

近年来，中保两国文化交流频繁，互访和交流不断。2017年9月，保加利亚文化部副部长格舍娃（Amelia Gesheva）来华参加第三届"中国—中东欧国家文化合作部长论坛"。同年11月，中国文化部副部长张旭访问保加利亚，并为索非亚中国文化中心揭牌。2018年3月，中国文化部部长助理于群访问保加利亚并出席第八届亚欧会议文化部长论坛。2018年4月，北京外国语大学保加利亚研究中心成立。

2020年1月，中国爱乐乐团索非亚新春音乐会在"保加利亚"音乐厅成功举行。这是我国首次向中东欧国家派出代表国内最高水准的大型交响乐团组。索非亚为巡演第二站。2019年下半年，中保建交70周年文献展分别在保加利亚议会大厅和保加利亚国家档案馆举行，双方档案局共同甄选最珍贵、最具代表性的文献资料，以此展示建交70年中保关系的标志性时刻。[1]

---

[1] 中国驻保加利亚大使馆官网，http://www.chinaembassy.bg/chn/。

索非亚中国文化中心逐渐成为在保展示中国文化的重要窗口。2019年，该中心共举行培训、展览、演出等各类活动50余场。[①] 该中心所承办的各类文艺展演和文旅推荐活动获得保加利亚政府高度评价；在积极拓展对外合作，参与当地文旅活动的同时，与当地机构合作筹办了首届（保）中华武术大赛、"中华文化周"系列活动和主题性的中保艺术文化遗产采风创作活动；开设中华美食推广基地等多样化的文化课程；积极发挥桥梁纽带的作用，促进中保文旅产业互联互通。

教育方面，两国自1984年起即保持着稳定的合作关系，保加利亚是最早与中国签署高等学历学位互认协议的国家之一。2014年12月，"中国—中东欧国家高校联合会"首任欧方秘书处设在保加利亚索非亚大学。中国方面共有4所院校开办保语教学，专业历史最悠久的是1961年成立保加利亚语专业的北京外国语大学。此外，近年先后有三所高校开设保加利亚语专业或课程，北京第二外国语大学和天津外国语大学分别在2017年和2018年招收第一届本科生，河北外国语学院将保加利亚语作为第二外语面向学生开设。两国举办的以对象国研究为主题的学术会议数量也与日俱增，激发了两国学术界对彼此的语言、文化、历史以及各领域合作探索等问题的研究热度。

保加利亚现有两所孔子学院。2007年4月索非亚孔子学院正式挂牌运营。成为巴尔干半岛首个、中东欧首批孔子学院之一，为保加利亚人了解中国、学习中国文化提供了桥梁

---

① 索非亚中国文化中心，http://www.cccsofia.org/.

和窗口，成为中保两国民间交流的重要平台。2015年成为全球14所示范孔院之一。截至2018年12月，该院共有孔子课堂7所，教学点14所，当前在册学生约3000人。2012年10月，大特尔诺沃大学孔院成立，目前已在保加利亚14个城市设立50个教学点，现有注册学生1500余人。2019年承办"汉语桥"世界大学生和中学生中文比赛保加利亚赛区预赛。以中保建交70周年为契机，两所孔院各自或合作举办了多样化的文化交流及学术研讨活动。大特尔诺沃大学孔院已出版5辑《中国与中东欧政治、经济、文化关系国际学术研讨会论文集》。

自2015年双方签署《中保旅游合作谅解备忘录》以来，中保旅游合作也更趋紧密；2017年中国访保游客历史性地突破3万人次；2017年9月，保加利亚旅游信息中心在上海成立。2018年6月，23名保加利亚学员赴华参加首次"中保旅游管理人才双边培训班"，为双方服务贸易发展提供人才支撑。

克罗地亚

中国—中东欧国家合作框架建立后，克罗地亚积极参与其中，双边+多边关系迈上新台阶。2019年4月在克罗地亚杜布罗夫尼克举行了第八次中国—中东欧国家领导人会晤，李克强总理在访问克罗地亚时提出了"钻石时期"的概念，[①]用以描述中克双边关系的新阶段。这一概念也被克罗地亚领导人接受。在中国—中东欧国家合作框架下，中克在旅游业、造船业、港口业、交通基建等方面合作不断加深，充分印证了中克关系"钻石时期"的到来。

一 克罗地亚参与中国—中东欧国家合作：双边关系进入"钻石时期"

中克建交后，双方本着相互尊重、不干涉内政、互利合作的原则开展交流合作，贸易、投资、教育及文化领域签署

[①] 这是2019年4月10日李克强总理访问克罗地亚与克罗地亚总理普连科维奇会谈时候提出来的。参见 https：//www.politikaplus.com/novost/181854/li－hrvatska－i－kina－ulaze－u－dijamantno－razdoblje－odnosa。

了多个双边合作协议。2012年中国—中东欧国家合作建立，尽管克罗地亚外交决策层认为该合作框架是加强中克双边合作以及克罗地亚挖掘对华贸易投资潜力的平台，但是最初的四年内，克罗地亚的参与力度有限。中克合作逐渐迈入"钻石时期"，得益于两国外交的两个趋同和两个事件。两个趋同即两国面对国际仲裁立场趋同、两国均加强对外经济合作发展。两个事件就是克罗地亚主办2019年中国—中东欧国家领导人会晤和中国路桥集团承包佩列沙茨大桥项目。

（一）两个趋同

2016年，普连科维奇（Andrej Plenkovic）领导的民主联盟政府上台执政。由于克罗地亚与邻国存在一定领土分歧，从这一立场出发，克罗地亚政府反对"海牙仲裁法院"在2016年做出的关于中国南海的所谓"裁决"。克罗地亚政府拒绝赞成海牙法院的判决在中国受到了欢迎，这一事件成为克罗地亚与中国加强政治合作的转折点。

在普连科维奇的任期内，克罗地亚走出经济危机，经济增长恢复到2008年以前的水平，同时开始重视对外经济合作，普政府对来自非欧盟国家的投资采取更开放的态度，更加鼓励与非西方国家的经济合作。同时，克罗地亚也看到中国对外倡议（其中主要是中国—中东欧国家合作）具有重要合作机遇，开始积极地促进中克经济合作。

（二）两个项目

由中国路桥集团承包的佩列沙茨大桥工程是中克合作的

最大基础设施项目，成为双边务实合作的重要成果。该项目总价估计为 4.2 亿欧元，预计 2021 年完工。2017 年 6 月，欧盟委员会批准旨在连接位于巴尔干半岛上的克领土和佩列沙茨半岛的大桥建设，并通过欧盟"聚合政策基金"向克罗地亚拨款 3.57 亿欧元用于该项目。① 2018 年 1 月，克罗地亚道路公司（HC）宣布中国路桥集团中标。按照克罗地亚道路公司的解释，路桥得标的原因是其报价最优惠（20.8 亿库纳，不含增值税，该报价与初始项目总价值的 17.5 亿库纳最为接近），资质优秀，承诺三年内完工（比投标书规定的截止日期提前半年），以及 120 个月的"缓冲期"。2018 年 4 月，克罗地亚道路公司与中国路桥集团签订合同，2018 年 9 月，项目正式启动，中国路桥第一批负责后勤保障的工程师和工人抵达。2019 年 4 月，中克两国总理现场考察大桥建筑进程，对工程速度表示满意。到 2019 年夏季，大桥四大支柱已经完工。同时，连接大桥的辅路开始施工。②

克罗地亚主办了 2019 年中国—中东欧国家领导人会晤。鉴于中克关系的前景以及克罗地亚在中国—中东欧国家合作框架内就多边合作的建设性作用，2018 年 7 月举行的中国—中东欧国家领导人索非亚会晤决定，克罗地亚将主办下一届领导人会晤。克罗地亚积极回应中国的建议，中国部分级在

---

① 克罗地亚政府官网，https：//vlada.gov.hr/odobreno-357-milijuna-eura-bespovratnih-sredstava-za-peljeski-most/21770。

② "Napokon pocela izgradnja pristupne ceste za Peljeski most"（佩列沙茨大桥辅路建设终于开始施工），https：//www.jutarnji.hr/vijesti/hrvatska/napokon-pocela-izgradnja-pristupne-ceste-za-peljeski-most-rijec-je-o-vrlo-zahtjevnom-projektu-gradit-ce-se-dva-tunela-dva-mosta-i-vijadukta/9610744/.

接下来的几个月内开始峰会的筹备工作，中克两国交流十分频繁。2018年9月，第四次中国—中东欧国家旅游合作高级别会议在克罗地亚召开，文化和旅游部部长雒树刚率团与会。2018年11月，中国国务院副总理孙春兰访问克罗地亚。2018年11月克罗地亚总理普连科维奇来华出席首届中国国际进口博览会，同中国领导人深入讨论两国合作和中克关系前景。2019年4月在杜布罗夫尼克举行的中国—中东欧国家领导人会晤被认为是克罗地亚本届政府在外交上的巨大成功。克罗地亚媒体认为这是当年"唯一最重要的外交活动",[1] 并对会议进行了详细报道。

二 中克经贸合作的主要成果与进展

伴随着双边贸易交流逐步增长，中克两国在基础设施建设、造船业、旅游、科技等方面的合作不断发展，取得了众多成果。

（一）双边贸易进展

根据中国商务部统计，2019年中克两国贸易额约为15.4亿美元,[2] 入盟后的克罗地亚采用Intrastat形式（欧盟内部贸易统计），进出口产品按发货国，而不是按原产国登记，通过欧盟其他成员国进口的中国产品被记录为从该成员国的进口。

---

[1] 详见《为什么杜布罗夫尼克"17＋1"峰会对克罗地亚重要》，https：//www.vecernji.hr/premium/mala－zemlja－za－velike－summite－zasto－je－skup－17－1－u－dubrovniku－vazan－uspjeh－za－hrvatsku－1313728。

[2] 参见中国商务部欧洲司网站，http：//ozs.mofcom.gov.cn/article/zojmgx/date/202003/20200302941074.shtml。

此外，2008—2016 年，欧元与美元汇率变动也影响中克贸易数据实际情况的评估。克罗地亚商会在 2018 年发布的报告中提出，如果排除这两个因素的影响，2016 年以来的中克贸易额显著增加，但外贸赤字进一步增加。[①] 2019 年克罗地亚对华的进口额是出口额 10 倍，2016—2018 年，克罗地亚对华出口额占克罗地亚总出口的 0.6%，而从中国的进口约占克罗地亚总进口的 3%。[②]

中国向克罗地亚主要出口固定和移动电话、自动数据处理机（含手机、计算机、笔记本电脑等）、玩具、空调等家用设备、鞋类以及印刷机。因此，克罗地亚从中国的进口处于多元化的第一阶段（从廉价加工产品到高技术、创新产品的转型）。克罗地亚主要向中国出口山榉木、用于模塑橡胶或塑料制品的压力机、用于橡胶或塑料加工机器的零件、消防车、切割大理石和石灰华、生牛皮革、皮革或人造革产品以及药品。其中，压力机和山榉木占总出口的 30%，这也是过去两年克罗地亚向中国出口总额增长的主要原因。综上，克罗地亚向中国出口以自然资源产品和机械设备为主。

（二）基础设施

除了佩列沙茨大桥项目之外，中克双方还就其他一些基建项目进行了商谈。

里耶卡到萨格勒布铁路的现代化和萨格勒布到克罗地亚—匈牙利边界铁路基础设施的全面现代化是双方主要洽谈的

---

① 详见 https://www.hgk.hr/nr-kina-informacije-za-potencijalne-izvoznike。
② 同上。

合作项目，这也是中克合作的"长期"项目。2019 年，中国中铁公司与克罗地亚铁路公司进行会谈，克罗地亚承诺准备制定与项目相关的文件，其中以提供详细的财务计划为主。2018 年，中远集团公司通过其子公司 Dragon Boats 提出关于普洛切（Ploce）港口现代化的意向。2017 年，中国—中东欧国家领导人布达佩斯会晤期间，中国北方国际合作投份有限公司与克签署了塞尼（Senj）风力发电项目合作协议。

2017 年，中国豪华房地产公司收购了扎达尔港 23% 的股份，成为主要股东，并承诺扩大与中国市场的联系。在进行这项投资之后，中方提出了在扎达尔机场与中国之间建立直航的计划，随后进行了调整和扩大扎达尔机场接收长途洲际航班能力的投资。2018 年，中克合资公司 Luxury Real Estate 投资扎达尔港口，并设立保税区。①

（三）旅游业

2017 年，克罗地亚旅游部制订了新的计划，以吸引亚洲市场游客，尤其中国游客。该计划设想了一系列促销活动，专门在旺季前后为中国游客提供特殊便利。为此，克罗地亚旅游部在上海设立克罗地亚旅游局驻华代表处，该代表处设立于 2018 年 11 月普连科维奇总理访华期间。克罗地亚旅游部的综合数据表明，2019 年中国游客数量实现大幅增加，中国成为克罗地亚入境旅游具有最大"游客增长率"的市场。根

---

① 该公司由中国和克罗地亚公司联合成立，详见 https：//zadarski. slobodnadalmacija. hr/4 - kantuna/clanak/id/562768/kineski - partner - do - kraja - godine - ulaze - 100 - milijuna - kuna - i - zeli - obnoviti - unsku - prugu。

据克罗地亚旅游局的数据，近三年中国游客率（入境和过夜综合数据）增长迅速，2019年同比增长了53%。[①]

中国公司已经开始向克罗地亚旅游业、房产业投资。2018年，中国中润集团子公司收购克罗地亚多个旅游业产业。2019年，该公司与克罗地亚财产部签署扎戈列省（Zagorje）库穆洛维茨酒店的收购协议。同时，该集团还打算在萨格勒布附近和亚得里亚海沿岸建设酒店度假村和康养旅游中心。

（四）其他领域

中国华为公司在克罗地亚设立分公司。2017年以来，华为雇佣当地人在萨格勒布建立销售基地。通过2019年中克两国签署成立电子商会协议以及克罗地亚政府支持与中国创新技术发展合作的方针，华为公司表示支持在克罗地亚建立新技术孵化基地。2019年11月，克罗地亚议会议长戈尔丹·扬德罗科维奇（Gordan Jandrokovic）访华时，在北京访问了华为技术基地，赞扬华为为中克创新技术发展合作作出的贡献。

三 人文交流的发展

（一）体育

2018年夏，克罗地亚足球队在俄罗斯世界杯获得亚军，这为克罗地亚提升"国际可见度"、促进旅游以及国家软实力

[①] 参见 https://hrturizam.hr/glavne-znacajke-kineskog-turistickog-trzista-u-2019-godini/。

带来了巨大的好处，也很大程度上提升了中国公民对克罗地亚的认知。中国文化体育界代表、企业愿意与克罗地亚从事体育合作和体育基础设施投资（例如，2019年关于建设克罗地亚国家体育场的项目）。2018年获得世界杯亚军有利于克罗地亚政府积极推动吸引中国游客的政策，并吸引了更多中国游客、文体界人士到访克罗地亚。

（二）电影业

由克罗地亚文化部、伊斯特拉省政府承办的中国音乐节于2018年8月举行。2019年克罗地亚各地组织了与中国春节相关的文化（电影）活动。2019年，中国制片公司与亚德兰制片公司签署谅解备忘录，将组织"克罗地亚"为主题的电影节以及吸引中国著名电视节目和电影导演选择克罗地亚作为拍摄地点。

（三）教育

2013年，克罗地亚和中国签署了促进留学生交流、科学合作的双边协议。2018年以来，两国高等教育机构就学生交流、科技合作达成多个校际合作。例如，2018年北京体育大学与萨格勒布大学达成了两校学生交换交流的项目。十多名克罗地亚学生接受华为奖学金并赴中国留学。

克罗地亚建有一所孔子学院，即萨格勒布大学孔子学院。该学院于2012年启动运行时仅在萨格勒布设立汉语课程，截至2019年，该院在克罗地亚9所高校设立汉学课程，克罗地亚学生学习汉语兴趣显著提高，孔院在推动克罗地亚中高等学校学习汉语（汉学）中发挥重要作用。

捷 克

中捷两国间友好合作关系源远流长。20世纪50年代,捷克(斯洛伐克)等东欧国家通过援建对新中国工业化建设起到了重要作用;[①] 在80年代中国城市改革过程中,捷克企业通过经贸和科技合作广泛参与中国企业的技术改造[②]。1984年起,捷克企业与中国企业在冶金、能源、食品、橡胶、纺织、制革等领域开展了广泛合作。2004年,捷克等首批中东欧国家加入欧盟,中捷两国关系成为了中欧关系的组成部分。

---

① 从1987年6月捷克斯洛伐克总理与到访的中国领导人会谈的档案材料看,20世纪50年代捷克斯洛伐克独自或与其它社会主义国家共同在中国援建82家企业,有3000余名捷克斯洛伐克专家在中国工作。参见 http://digitalarchive.wilsoncenter.org/document/114816。

② 邓小平最早在1983年6月谈到国内老企业技术改造可以通过与东欧国家发展关系来解决,指出"他们好多东西比起西方更接近我们"。自此以捷克斯洛伐克为代表的东欧国家企业掀起了主要参与东北、华北和华东地区企业技术改造的高潮。参见中共中央文献研究室编《邓小平年谱1975—1997》(下),中央文献出版社2004年版,第911—912页。1984年4月,国家经济委员会副主任朱镕基率团访捷,了解东欧国家(匈牙利、保加利亚、捷克斯洛伐克、民主德国和波兰)工业发展潜力,并评估其参与中国企业改造的可能性。访问期间中捷双方签署备忘录,同意捷克斯洛伐克企业参与11项中国企业技改项目。

一　高层交往频繁

2012年，中国—中东欧国家合作的建立成为中国与中东欧国家开展跨区域合作的重要平台，它奠定了中国与中东欧国家互利、共赢合作关系发展的新框架。在这一合作框架下，中捷双边关系进一步发展。2016年3月，中捷建立战略伙伴关系，开启了两国关系的新时代。

近几年来，两国间活跃的高层互访为促进双边关系发展起到了有力的引领作用。尤其是2016年3月习近平主席访捷实现了中国国家元首对捷克的历史性首访，两国领导人对双边关系进行了战略规划。在历次中国—中东欧国家领导人会晤上，两国总理都就深化两国关系与各领域合作举行双边会谈。2014—2019年，捷克总统泽曼（Miloš Zeman）先后五次访华[1]，是近年来访华次数最多的中东欧国家元首。2015年11月和2016年6月，捷克总理索博特卡（Bohuslav Sobotka）两次访华，分别出席第四次中国—中东欧国家领导人会晤以及第三次中国—中东欧国家地方领导人会议。2019年10月，两国领导人就两国建交70周年互致贺电。在两国立法机构交往方面，2015年4月，捷克议会众议院主席哈马切克（Jan Hamáček）访华；2018年10月，中国全国人大常委会副委员长曹建明赴捷克出席"2018中国投资论坛"，其间分别会见捷

---

[1] 2014年10月泽曼来华进行国事访问，2015年9月泽曼来华出席中国人民抗日战争暨世界反法西斯战争胜利70周年纪念活动，2018年11月，泽曼来华出席首届中国国际进口博览会。2017年5月和2019年4月，泽曼两次出席"一带一路"国际合作高峰论坛并出席2019年北京世界园艺博览会开幕式。

克总统泽曼、副总理兼内务部长哈马切克、众议院副主席菲利普（Vojtěch Filip）。2019年11月，众议院主席冯德拉切克（Radek Vondrácek）率团参加第二届中国国际进口博览会，捷克担任主宾国，栗战书委员长在京同其会见。

二　双边经贸投资务实合作不断深化

在中捷两国政府签署《在"一带一路"倡议框架下的双边合作规划》《中捷合作规划》等合作文件基础上，双方在基础设施建设、投资、工业和贸易、能源资源、科研、金融等多个领域加强了合作。

（一）双边贸易显著增长

目前，捷克是中国在中东欧地区的第二大贸易伙伴，中国是捷克在非欧盟国家中的最大贸易伙伴。据中方统计，2012年贸易额为87.3亿美元，2014年贸易额首次突破100亿美元，达到109.8亿美元，2019年，双边贸易额达到175.9亿美元，较2012年的双边贸易额翻倍。[1] 两国企业间双向投资不断增加，截至2019年，中国在捷克实际投资存量达到24亿美元，投资企业数量达到50余家，创造就业岗位6000多个。从2013年前的不足3亿美元，中国对捷投资在短短6年内翻了三番。[2]

---

[1] http：//ozs.mofcom.gov.cn/article/zojmgx/date/.
[2] https：//www.fmprc.gov.cn/web/gjhdq_676201/gj_676203/oz_678770/1206_679282/sbgx_679286/.

（二）双向投资合作活跃

两国企业在产能、双向投资及园区方面的合作非常活跃，尤其是中国企业对捷投资嵌入当地优势产业链，充分发挥其在欧盟中的市场延伸优势以及不断拓展新的合作领域。

第一，中国企业愈加重视以绿地投资方式加强与捷克产业链的对接与产能合作。汽车和机械制造是捷克传统优势和强竞争力行业，也是捷克企业对国际市场出口的主力军。2015年和2017年，上汽延锋集团在捷克建立两家生产汽车内饰产品的工厂。2016年，万向集团在捷克设立汽车电池生产基地。亚普汽车部件公司选择在捷克斯柯达汽车公司所在地建立其在欧洲的第一个汽车部件生产基地，直接向斯科达汽车集团供货，成为其产业链的一部分。

第二，充分利用捷克市场辐射优势布局和开拓欧洲市场。自20世纪90年代以来，捷克一直是世界上最受外资青睐的国家之一，人均引资额居世界前茅，捷克在欧盟市场拓展中具有独特优势。2005年长虹公司在捷克投资建立第一个欧洲生产基地，目前长虹成为中国在捷克建成的规模最大的制造型企业，2015年和2017年海信与海康威视公司分别在捷克设厂和设立子公司。2015年陕鼓动力出资5580万美元收购捷克艾柯尔（EKOL）汽车轮机公司。2016年中远海运（中欧）公司在捷克设立欧洲总部，2018年以来，中国企业在捷克建立的一批面向欧洲市场的物流中心纷纷落地，发挥捷克区位优势，跨境电子商务发展势头较好。

第三，拓展在民用航空、生物医药、健康和园区等新的合作领域。2016 年，万丰集团收购捷克轻型飞机龙头企业 DF 公司，并计划投资 3000 万美元与捷克企业合作建立设计研发中心。华大医学集团（BGI Health）与捷克基因医学中心在布拉格合作建成产前诊断中心，开启了双方基因组生物信息学领域的合作。2018 年 10 月，荣盛康旅（捷克）公司计划投资 5.68 亿元在捷克启动中医温泉水疗项目。并顺利落地。在园区合作方面，2013 年河北省正式设立沧州中捷高新技术产业开发区，2016 年中捷水晶文化产业园在江苏东海奠基。2016 年 10 月，中捷浦江水晶产业园授牌，2018 年 1 月浙江中捷（宁波）产业合作园正式挂牌。此外，大连天呈企业集团在捷克建设中捷天呈工业园。

（三）金融合作力度加大

中捷两国合作领域进一步拓宽，金融合作成效显著。布拉格逐步成为中方金融机构在中东欧的聚集地，金融合作力度加大，为产业合作提供融资便利。继 2015 年中国银行在捷克设立第一家中资银行后，2017 年 9 月，中国工商银行布拉格分行开业。2019 年 5 月，交通银行布拉格分行正式成立。这些中资金融机构立足捷克，业务辐射中东欧地区，在环保、能源、物流、高端工业制造和先进服务业等行业和领域，为客户提供投融资及结算等综合金融服务。2014 年，捷克最大的金融财团 PPF 集团（第一私有化基金集团）所属子公司捷信集团（Home Credit）进入中国市场开展以家庭信贷消费为主的金融业务。

（四）地方合作势头良好

在推动中国与中东欧国家的地方合作中，捷克一直发挥着重要作用。2014年，中国—中东欧国家地方省州长联合会在布拉格成立，联合会旨在引导和支持中国和中东欧国家地方间开展各领域交流与合作。在对捷地方合作中，中国国内不同地区的区域合作定位得到强化，京津冀、长三角、成渝与环渤海地区成为国内与捷克等中东欧国家开展地方合作的领头羊。重庆、河北把举办中国—中东欧国家地方领导人会晤作为推动地方合作的重要契机，强化了与捷克在产能、互联互通方面的合作。2014年以来，中捷两国间地方省市交往日益密切，浙江省与皮尔森州、四川省与中捷克州、河北省与南摩州和摩西州分别建立友好省州关系，这些都强化了两国地方间友好合作关系。2018年是中国—中东欧国家地方合作年，继承"中捷斯友谊农场"的传统，中国中东欧中小企业合作区在河北沧州中捷产业园区建立，其定位是促进与中东欧国家在高端制造、通用航空、新能源新材料和绿色制造等领域的合作。在地方合作中，浙江"一带一路"捷克站项目引人注目。2018年6月，浙江在捷克建立的"一带一路"捷克站（物流园）项目启动，该项目以"中心、中枢、中转"为功能定位，以构筑"一带一路"产业生态链为目标，打造集中欧班列、物流分拨、生产加工、跨境电商、展示交流和人文合作等多功能于一体的综合体，带动浙江与捷克及其周边国家和地区双向贸易投资规模增长。①

中捷两国间已开通四条直航,捷克成为中东欧国家中对华直航最多的国家之一,这为日益活跃的人文交流提供了便利。在陆路互连互通方面,两条中欧班列分别通达布拉格和帕尔杜比采,突显了捷克的区位优势。

三 不断拓展的人文交流增进了民心相通

"人文交流是促进和平发展的积极要素,也是经济发展的重要推动力。"② 2012 年中国—中东欧国家合作框架建立后,人文交流在推动中国与中东欧国家关系发展中发挥着重要作用,合作框架下的中国—中东欧国家文化合作论坛、艺术合作论坛、教育政策对话、青年政治家论坛以及中国—中东欧国家高级别智库研讨会等不断拓展人文交流的基础与实践。③

中捷人文交流在继承历史传统的基础上迈上新台阶,人文交流力度不断加大,领域不断扩大。国之交在于民相亲,人文交流日益成为中捷战略伙伴关系的重要基础。2016 年,习近平主席访捷时曾提出,要为中捷人文交流注入更多动力,丰富中捷关系人文内涵。④ 两国在文学译介、影视制作、中医

---

① 郑亚莉、张海燕:《"一带一路"框架下浙江与捷克经贸合作发展报告(2018)》,浙江大学出版社 2018 年版,第 26 页。
② 2014 年 3 月习近平主席在荷兰媒体发表的《打开欧洲之门 携手共创繁荣》文章,参见 http://cpc.people.com.cn/n/2014/0325/c64094-24725051.html。
③ 中国—中东欧国家合作的主题年也反映了人文交流的重要性与活跃度不断加深。2015 年是中国与中东欧国家旅游合作促进年,2016 年是人文交流年,2017 年是媒体交流年,2019 年是教育、青年交流年。
④ http://news.gmw.cn/2016-03/30/content_19502085.htm。

药和教育领域的合作成果日益丰硕。在文学译介中,新一代的两国学者沿着20世纪前辈的足迹把文学交流推向一个新的高潮,伊万·克里马(Ivan Klíma)、博胡米尔·赫拉巴尔(Bohumil Hrabal)、兹旦内克·斯维拉克(Zdeněk Svěrák)等的作品受到中国读者喜爱。2014年,阎连科成为首位获得卡夫卡文学奖的中国作家。在2014年中捷建交65周年之际,中国驻捷克大使馆编辑出版《我与中国》纪念文集,邀请部分曾在中国学习和工作过的捷克朋友讲述他们自己的"中国故事"。2020年1月,中国前驻捷克大使马克卿主编的《中国和捷克的故事》出版。

近年来,中捷教育交流日趋活跃。2015年,中国政府设立支持捷克留学生的"中捷教育交流专项"资金,[1] 2016年10月,两国教育部签署《中捷高等教育学历学位互认协议》。该协议的签署是中捷教育合作具有历史意义的一件大事,捷克成为第46个与中国签署学历学位互认协议的国家,协议的签署标志着两国教育合作迈上更高台阶。至2019年,两国高校已签署200余份合作协议,签订校际协议的高校主要有:中国人民大学与查理大学、北京外国语大学与帕拉茨基大学、浙江大学与捷克技术大学、哈尔滨工业大学与布尔诺工业大学、湖南大学与布拉格化工大学等。2012年在捷中国留学生总人数为134人,2019年超过1000人,攻读学位学生600多人,捷克在华留学生共约400人。[2]

---

[1] 据中国教育部统计,我国自1950年接收8名捷克斯洛伐克奖学金生以来,截至1992年共接收了146名捷克斯洛伐克奖学金生。

[2] 中国驻捷克共和国大使馆官网,http://www.chinaembassy.cz/chn/jylx/jygx/。

继 2007 年 9 月北京外国语大学和帕拉茨基大学成立捷克首家孔子学院之后，2018 年 11 月，中国计量大学与布拉格金融管理大学签署建立孔子学院合作协议。目前，中国国内 10 余所高校开设捷克语教学，或建立智库型研究中心[①]，为促进双边关系发展和深化经贸合作提供智力支撑，这些机构活跃在促进两国民心相通、深化互信的人文交流舞台上，不断拉近两国人民间的距离。

中捷旅游合作日渐成熟。地处欧洲心脏的捷克具有悠久历史和多元文化，境内共有 14 处世界文化遗产，丰富的旅游资源使其日益成为中国（大陆）游客赴海外旅游的热门目的地。中国成为捷克主要的外国游客来源国之一，赴捷游客增长较快。2012 年，赴捷中国游客不到 20 万，2019 年达到 62 万人次，[②] 这为捷克服务贸易带来了巨大收益。

四 双边关系与合作中的问题和前景

在中国—中东欧国家合作框架下，捷克等多数中东欧国家对华务实合作的优先目标集中在两方面：一是缓解双边贸易不平衡，二是吸引更多中国企业投资，以增加当地就业和促进产业升级。多年来，中捷双边经贸关系一直存在着贸易

---

① 开设捷克语的高等院校主要有北京外国语大学、北京第二外国语大学、上海外国语大学、天津外国语大学、广东外语外贸大学、四川外国语大学、西安外国语大学、大连外国语大学、河北地质大学、河北外国语学院等。2015 年和 2017 年河北地质大学和浙江金融职业学院分别成立捷克研究中心（教育部备案国别和区域研究中心）。2017 年，浙江万里学院成立了捷克语言文化中心。

② https：//www. ceskenoviny. cz/zpravy/podle－czechtourismu－muze－epidemie－posilit－domaci－cestovni－ruch/1846268。

不平衡现象。按照中方统计，2012—2019年，捷克对华贸易逆差从2012年的39亿美元增加到2019年的83.4亿美元。[①]在双边贸易额翻倍的同时，捷克逆差也翻番，双边贸易不平衡的缓解仍相对有限。虽然这主要是由两国产业结构差异以及跨国公司的跨境采购等原因造成，但双方对于采取积极措施来缓解贸易不平衡具有共识，尤其是鼓励捷克企业积极开拓中国市场。

近期，捷克国内出现了一些不利于深化双边合作的新情况。2019年5月初，捷克召开了"布拉格5G网络安全会议"，来自32个国家的代表与会，会议达成了强调保障电信基础设施和应用安全性的文件——"布拉格提议"。其重点是强调政府、运营商和商业用户在5G安全构建中的共同利益，以此构成针对第三国技术与设备立体化的防控体系。在地方合作中，自2018年年底以来，捷克右翼民粹主义海盗党（Pirátská strana）牵头执政的布拉格市政府屡屡在台湾、涉藏等涉及中方核心利益的重大问题上采取错误行动并发表不当言论，北京市和上海市已宣布同布市解除友城关系。布拉格市政府挑起的风波以及一些议员的言行对双边关系的健康正常发展造成不利影响。

中捷在中国—中东欧国家合作框架下各层级和各领域的合作交流不断深化和推进，在产能园区合作、互联互通建设、发展战略对接、科教人文交流等领域持续取得丰硕成果，这些都为新时期双边战略伙伴关系的发展奠定了坚实基础。在

---

① http://www.customs.gov.cn/customs/302249/302274/302277/302276/2653619/index.html.

中捷关系发展的过程中，经贸合作起到了举足轻重的作用。历史的发展总有其内在关联性，中捷关系升级为战略伙伴关系既源于中捷友谊农场、中捷友谊机床厂的历史传统，同时它又超越了这一传统，成为新时代中国构建新型国际关系的积极实践。互利共赢合作是双边关系发展的主旋律，只要双方继续共同努力并尊重彼此的重大关切，双边关系发展将会迈上新台阶。

爱沙尼亚

爱沙尼亚是中国在欧盟和波罗的海地区的合作伙伴，也是中国—中东欧国家合作框架下的重要合作伙伴，双方在多个领域开展了务实合作。

一 积极开展政府间多层级交流

2012年以来中爱两国关系有所发展，政府间多层级交往频繁。2016年6月，中国国务委员杨晶率团访问爱沙尼亚，与爱沙尼亚总统和总理等高级领导人进行了会谈。2017年4月，张高丽副总理应邀访问爱沙尼亚，在塔林会见爱沙尼亚总统卡柳莱德。2018年7月，全国政协外事委员会副主任刘洪才率团访问爱沙尼亚。2018年9月，卡柳莱德（Kersti Kaljulaid）总统出席夏季达沃斯论坛并对中国进行访问。爱沙尼亚历任总理先后出席历届中国—中东欧国家领导人会晤，并在会议期间与中国国家领导人举行双边会谈。爱沙尼亚政府和工商界对与中国开展各领域合作表现出兴趣，中爱双方在经贸、能源、农业、电商等领域的合作取得成果。

二 中爱经贸关系稳定

世界银行将爱沙尼亚列为高收入国家。由于其高速增长的经济，爱沙尼亚经常被称作"波罗的海之虎"。爱沙尼亚最主要的资源有油页岩、森林、石灰石、泥煤等。油页岩储量丰富，其90%以上的电力依靠油页岩发电。全国森林覆盖率近50%，木材蓄积量4.78亿立方米，人均木材拥有量365立方米，排名欧洲第三。

（一）双边贸易

中爱建交以来两国互利务实合作不断扩大，双边贸易稳步发展。2012年两国贸易额为13.7亿美元，2019年，进出口贸易总额为12.2亿美元。其中，中国对爱沙尼亚出口9.21亿美元，进口2.99亿美元。但是中爱并非传统贸易伙伴，双边贸易受国际金融危机、欧债危机以及政治关系的影响而波动。

表7　2012—2019年中国与爱沙尼亚双边贸易额统计

（单位：亿美元）

年份	进出口额	增长（%）	进口额	增长（%）	出口额	增长（%）
2012年	13.70	3	1.36	-31.3	12.30	9
2013年	13.10	-4.4	2.00	47.1	11.10	-10
2014年	13.72	4.7	2.25	13	11.46	3.3
2015年	11.90	-13.3	2.35	4.35	9.54	-16.7
2016年	11.79	-0.92	2.11	-10.12	9.67	1.35

续表

年份	进出口额	增长（%）	进口额	增长（%）	出口额	增长（%）
2017 年	12.50	6.09	2.60	23.2	9.90	2.35
2018 年	12.77	1.02	2.54	-5.8	10.32	1.04
2019 年	12.20	-4.46	2.99	17.7	9.21	-10.7

资料来源：爱沙尼亚大使馆官网、中国海关数据、中国商务部数据①。

据中国海关统计，2019 年，中国对爱沙尼亚出口商品主要类别包括①电机等；声音装备；电视装备；②锅炉、机械及其零部件；③车辆（火车、电车除外）及零部件等；④家具；床上用品等；灯等；⑤塑料及其制品；⑥钢铁制品；⑦可可及可可制品；⑧人造短纤维，包括纱线和机织物；⑨橡胶及其制品；⑩玩具、游戏和运动器材及其零部件。2019 年，中国从爱沙尼亚进口商品主要类别包括①电子机械、音响制品及其零部件；②木材及木制品、木炭；③光学，照片等，医疗或外科手术设备；④鱼类、甲壳类及水生无脊椎动物；⑤铜及其制品；⑥锅炉、机械及零部件；⑦车辆（火车、电车除外）及零部件等；⑧橡胶及其制品；⑨矿产品；⑩乳制品、鸟蛋、蜂蜜等。

2018 年，爱沙尼亚派团参加了在中国上海举办的首届中国国际进口博览会。在此期间，中爱两国政府签署了《爱沙尼亚冷冻禽肉及可食用禽副产品输华检验检疫和兽医卫生议定书》，同意进一步落实两国商签的《2018—2022 年农业领域

---

① 中国驻爱沙尼亚大使馆官网（http：//www.beijing.mfa.ee）；中国海关数据（http：//www.customs.gov.cn）；中国商务部数据（http：//ozs.mofcom.gov.cn/article/zojmgx/date/202003/20200302941074.shtml）。

合作行动计划》，在园艺、生物科技、食品安全等更广阔的领域开展合作。爱沙尼亚共有 4 家企业参展，20 多家企业观展。展会现场，爱沙尼亚 Balsnack 零食企业就与来自中国深圳的采购商签订了价值 5.5 万美元的采购合同；爱沙尼亚肉类生产商 HKScan 与中国温州一家食品企业签订了价值 1400 多万美元的鸡肉制品订单。爱沙尼亚参展的 SAKU 啤酒、Heimtal 伏特加、EBM 有机食用油也受到中国采购商的青睐。下一步，爱沙尼亚还要继续寻求向中国出口鲑鱼、牛肉、鳕鱼和有机燕麦等优质产品。

（二）投资合作

据中国商务部统计，2018 年中国对爱沙尼亚直接投资流量 5322 万美元。截至 2018 年，中国对爱沙尼亚直接投资存量 5684 万美元。目前，中国在爱沙尼亚中资企业有 6—7 家，多为当地华商经营的私营企业，主要集中在贸易、餐饮、旅游和中医保健等领域。爱沙尼亚在中国的直接投资是 430 万欧元，占外商直接投资总额的 0.07%，投资领域包括制造业、批发零售贸易、运输、储藏、物业、科技等。[①]

2018 年 1 月，广州航新航空科技股份有限公司以 4300 万欧元收购 Magnetic MRO 公司，是近年来中国在爱沙尼亚最重要的投资之一。2017 年 8 月，中国最大的乘车服务公司滴滴出行投资爱沙尼亚乘车服务公司 Taxify。2017 年春，爱沙尼亚国家电网公司 EestiEnergia 把在约旦子公司的股票出售给广东

[①] 中国商务部：《对外投资合作国别（地区）指南—爱沙尼亚》（2019 年版），http：//www.mofcom.gov.cn/dl/gbdqzn/upload/aishaniya.pdf。

省能源集团有限公司和 YTL Corporation Berhad，交易总计 21 亿美元。2015 年，爱沙尼亚邮政公司 Omniva 与中国民资快递公司顺丰进行合作，主要目标是增加中国与欧洲的贸易。顺丰公司目前在大约 100 个国家经营业务。华为公司在爱沙尼亚设有常驻代表处，与爱沙尼亚企业的业务合作不断深入；同方威视顺利向爱沙尼亚海关交付所有检测设备；还有一些中国中小企业成功在爱沙尼亚投资设厂。

（三）贸易磋商

1992 年 5 月，中国和爱沙尼亚签署了《中华人民共和国和爱沙尼亚共和国政府经济贸易协定》，并设立中爱经济贸易混合委员会（以下简称"混委会"）。1993 年 8 月 26 日，混委会召开第一次会议，探讨中爱两国在经贸领域的合作机会，研究解决经贸工作中遇到的问题。此后，双方陆续在中国或爱沙尼亚组织了多次混委会会议。2016 年 4 月 22 日，第十次会议在爱沙尼亚塔林召开。

在中国—中东欧国家合作框架下，爱沙尼亚政府积极寻求与中国在电子商务等方面的合作。2017 年 11 月，在中国—中东欧国家领导人布达佩斯会晤期间，两国签署了《中华人民共和国政府与爱沙尼亚共和国政府关于共同推进丝绸之路经济带与 21 世纪海上丝绸之路建设的谅解备忘录》、《中华人民共和国国家发展和改革委员会与爱沙尼亚共和国经济事务和通信部关于加强"网上丝绸之路"建设合作促进信息互联互通的谅解备忘录》、《中华人民共和国商务部和爱沙尼亚共和国经济事务和通信部关于电子商务合作的谅解备忘录》，三项合作文件的签署,标志着两国关系进入新发展阶段。

(四)合作潜力

爱沙尼亚经济事务部多次派高级别官员赴华与中国商务部会晤,表示希望能与中国在电子商务、物流运输、文化旅游等领域开展更广泛深入合作。中国商务部支持爱沙尼亚作为中国—中东欧国家合作成员国在该框架下推进开展电子商务合作。

1. 务实推进中爱电子商务领域的合作

当今世界已经进入了互联网时代,传统的经济模式正在向数字经济模式转变。中国的电子商务模式和应用具全球领先地位。爱沙尼亚政府也希望能充分利用其卓越的数字创新能力,务实开展中爱双边电子商务产业合作。

爱沙尼亚在信息技术、IT领域处于欧盟领先水平。自爱沙尼亚独立并加入欧盟和欧元区后便开始大力发展数字型社会,建立了"数字爱沙尼亚"(e-Estonia),98%的企业利用网络开拓国外市场、开展网络营销,企业创新能力和活跃度名列世界前茅,已经初步发展成为"北欧的知识和数字化商业中心"。[①]

为了推动落实中爱两国签署的《中华人民共和国商务部和爱沙尼亚共和国经济事务和通信部关于电子商务合作的谅解备忘录》,中国商务部与爱沙尼亚经济事务和通信部设立了中爱电子商务工作组,建立了联合工作机制,定期召开工作

---

① 中国驻爱沙尼亚大使馆官网,http://www.beijing.mfa.ee。

组会议，交流沟通工作进展。在2019年10月召开的中爱电子商务工作组会议上，中爱双方一致同意，充分借助中国的携程、阿里飞猪、腾讯旅游等专业电商旅游平台，向中国宣传和推介爱沙尼亚旅游资源，推动爱沙尼亚文化旅游产业的发展，促进中爱人文交流。

2. 鼓励跨境物流运输产业合作

爱沙尼亚紧邻斯堪的纳维亚半岛和俄罗斯，拥有波罗的海常年不冻的深水港和四个自由贸易区，有着天然的地缘优势和优越的转口贸易基础，物流运输业应该是中爱合作的重点领域之一。爱沙尼亚希望开通中国与爱沙尼亚的直通航班，包括客运与货运，不仅能便利中爱、中欧之间的人员往来，推动旅游业的发展，也能提升物流运输的便利化与效率，促进中国与欧洲国家的跨境电子商务、物流交通的发展。

三　中爱人文交流与合作取得进展

中爱两国高度重视两国文化交流与合作，两国文化部于2007年签署了《2008—2012年文化交流计划》协议，双方各种文化交流活动日益活跃。2015年4月，两国教育部签署《中华人民共和国教育部与爱沙尼亚共和国教育和研究部关于相互承认高等教育文凭的协议》。同年7月，国家卫生与计划生育委员会副主任孙志刚率团访爱，两国签署《关于卫生和医学科学的合作谅解备忘录》，这是中爱首份卫生领域合作文件。

中爱两国的教育和科学领域合作合同于1993年9月3日

开始实行，自 1998 年以来每四年两国签订一份新的合同。目前实施的 2018—2022 年合同是 2017 年由中爱两国文化部在杭州签署。此外，中爱两国还拥有 2016 年签订的电影合作合同。

在教育方面，近年来，中爱两国大学生交流得到积极推动。中国促进留学生交流，改善奖学金条件，吸引越来越多的爱沙尼亚大学生来中国留学。自 1994 年以来，每年至少有几位爱沙尼亚大学生得到在中国学中文的机会。塔林大学是爱沙尼亚唯一提供中国学专业的大学。2010 年，爱沙尼亚第一个孔子学院成立开学。同年秋天，北京外国语大学历史上第一次有了爱沙尼亚语外籍教授。

爱沙尼亚也是一个"音乐之国"。爱沙尼亚音乐协会积极推进中爱两国音乐合作，已经多次把爱沙尼亚国家管弦乐队、国立男生艺术合唱团、爱沙尼亚之声等乐队和音乐介绍到中国。2017 年，爱沙尼亚音乐协会同中国上海国际艺术节组委会订立了三年的合作协议。2017 年 9 月，Vanemuise 歌剧合唱团到中国演出。

中爱两国地方交流合作日益加深。2012 年 11 月，爱沙尼亚城市联盟和中国人民对外友好协会签署了框架合同，以便加强地方政府间的合作和交流。

中国多个地方政府和爱沙尼亚城市联盟已经表现出缔结两边友谊的兴趣，以便建立互帮互助的关系而增进贸易。塔林和杭州经常交换城市规划、交通、文化等领域的经验而寻求合作。2013 年春，浙江代表团访问爱沙尼亚，同年 6 月杭州交响乐队来到塔林表演。2011 年，宁波代表团访问塔尔图，塔尔图和宁波之间的关系越来越深入。2012 年 3 月塔尔图市市长和市政官员访问了宁波。2013年，纳尔瓦和厦门的市政代表团互相访问，加强了合作。2018年3月，爱芬瑞联合代表团访问江苏省。2018年5月，吉林省代表团访问帕尔迪斯基市。目前，哈尔尤县和浙江省、帕尔迪斯基市和广州市之间的合作关系也得到了进一步的发展。2018年3月，北京市委代表团访问爱沙尼亚首都塔林市，见证了北京市中关村科技园与塔林市泰诺普尔科技园签订合作备忘录，北京第二外国语学院与塔尔图大学签订合作备忘录。2018年5月，塔林市政府代表团受邀访问北京市和成都市，与北京市签署了《北京市与塔林市合作备忘录》。

希　腊

自1972年中希建交以来，两国高层互访频繁，政治互信不断增强。随着2019年希腊正式加入中国—中东欧国家合作，中希关系迈上了新台阶。

一　政治互信不断增强

中希长期以来保持着密切的高层交往及政治互信关系。特别是中国提出"一带一路"倡议后，希腊对这一倡议有着深刻的理解，能够从历史的高度来看待"一带一路"为世界经济发展和希腊带来的机会。2018年，希腊在刚刚走出债务危机的阴影之际，便与中国签署了共建"一带一路"合作谅解备忘录。

2015年，希腊首次以观察员国身份参加了在苏州举行的第四次中国—中东欧国家领导人会晤，此后均以观察员国身份派政府高级代表参会。2019年4月，第八次中国—中东欧国家领导人会晤期间，希腊作为正式成员国加入中国—中东欧国家合作，自此，"16+1合作"扩大为"17+1合作"。希腊正式加入中国—中东欧国家合作,不仅将中希两国的互补优势进一步扩大到中国—中东欧国家合作框架中,而且也充分彰显了中国—中东欧国家合作的包容性。

与此同时,中希高层互动频繁。2019年5月,希腊总统帕夫洛普洛斯(Prokopis Pavlopoulos)对中国进行了国事访问并出席亚洲文明对话大会。2019年4月及11月希腊两任总理先后率团赴华出席第二届"一带一路"国际合作高峰论坛和第二届中国国际进口博览会。高层对接沟通展现出了希腊积极寻求合作的意愿。2019年11月,应帕夫洛普洛斯总统邀请,习近平主席对希腊开展了为期三天的国事访问,并在访问期间同帕夫洛普洛斯总统及米佐塔基斯(Kyriakos Mitsotakis)总理分别举行了会谈。此次国事访问带动签署了双向投资合作谅解备忘录、体育领域的合作谅解备忘录、电网互联项目意向书等在内的16项协议,内容范围覆盖农业、能源、通信、教育、金融和人文交流等领域,充分发挥了高层交往对于推进双方务实合作的政策引领作用。

二 中希经贸合作持续向好

在贸易方面,据中国海关数据显示,2019年,希腊与中国的双边货物贸易额为84.6亿美元,较2018年增长14亿美元,不仅连续四年实现正增长,并且同比增幅更是高达19.8%。其中,中国对希腊出口77.37亿美元,较上一年增长12.37亿美元,同比增幅达19.1%,远高于中国出口欧盟及欧洲5%与4.9%的年增长水平;中国自希腊进口7.25亿美元,较上一年增长1.61亿美元，同比增幅达28.9%，相较自欧洲进口2.4%的降幅以及自欧盟1.1%的进口增幅，中希经贸的进步和成就明显。

表19　　2015—2019年中希贸易数据

年份	进出口总额（亿美元）	中国对希腊出口额（亿美元）	中国从希腊进口额（亿美元）	累计比去年同期增减（%）进出口	累计比去年同期增减（%）中国对希腊出口	累计比去年同期增减（%）中国从希腊进口
2015	39.5	36.66	2.86	-12.8	-12.4	-17.4
2016	44.8	42	2.8	13.5	14.6	-0.9
2017	51.8	47.51	4.29	15.5	13	51.7
2018	70.6	65	5.64	36.3	36.8	31.2
2019	84.6	77.37	7.25	19.8	19.1	28.9

资料来源：中国海关[1]。

在投资领域，虽然中国近年吸引希腊投资数额较少，且数额波动较大，但对希腊直接投资却保持了较高水平，且在2018年实现了跃升。根据2018年度中国对外直接投资统计公报的数据显示，2018年，中国对希腊直接投资流量为6030万美元，较2017年增长111.06%，且截至2018年年底，中国对希腊直接投资存量也达到了2.42亿美元，实现了较大增幅。

---

[1] 中华人民共和国海关总署网站，http://www.customs.gov.cn/。

表20　　　　　　2015—2018年中国对希腊直接投资情况

年份	2015	2016	2017	2018
中国对希腊直接投资流量（万美元）	-137	2939	2857	6030
中国对希腊直接投资存量（万美元）	11948	4808	18222	24247

资料来源：2018年度中国对外直接投资统计公报[1]、中国国家统计局[2]。

中国远洋运输集团（以下简称中远或中远集团）[3]收购希腊最大港口比雷埃夫斯港67%股份的项目最为引人注目。比雷埃夫斯港是希腊第一大港口，也是东地中海的重要港口。2008年，中远集团获得了比雷埃夫斯港2、3号码头35年的特许经营权。这是中国企业首次获得欧洲大型港口长期特许经营权。2016年，中远集团再次扩大投资规模，出资3.685亿欧元购买了比雷埃夫斯港管理局67%的股权附带1号码头管理权。在中国的经营下，比雷埃夫斯港集装箱的吞吐量2019年突破500万标准箱，世界港口排名从第93位提升到第32位。与此同时，根据比雷埃夫斯港港务局发布的2018年财务报告，港口全年实现税前利润4230万欧元，较2017年的2120万欧元翻了将近两番，税后利润（净利润）由2017年的1130万欧元提升至2790万欧元，增长147%。

其它投资项目还包括国家电网公司完成收购希腊国家电网公司24%股权交割；国家能源集团与希腊CG公司签署收购色雷斯4个风电项目公司75%股权的协议；中兴、华为、复

---

[1]　《"走出去"公共服务平台》，2019年10月28日，商务部网站，http://fec.mofcom.gov.cn/article/tjsj/tjgb/201910/20191002907954.shtml。

[2]　国家统计局网站，http://www.stats.gov.cn/。

[3]　2015年1月，中国远洋运输集团和中国海运集团重组成立中国远洋海运集团。

星集团等多家企业也在希腊积极拓展业务等。

中国一些大型银行正在加快与希腊金融合作的步伐，中国银行、中国工商银行在希腊设立分行或代表处。2019年4月，中国发展改革委与希腊经济发展部签署了中希《关于重点领域2020—2022年合作框架计划》，其中明确除了以往交通、能源、信息通信等合作的重点领域外，两国将进一步拓展新的合作领域，如制造业和研发、金融等。① 2019年10月17日，中希重点领域2020—2022年合作框架计划指导委员会第三次会议在京召开，希腊政府发展和投资部部长乔治亚季斯（Adonis Georgiadis）与中方共同主持会议，商定了第二轮备选合作清单和下一步重点工作。②

2019年7月，希腊新政府主推的减税、优化经商环境等一系列经济改革措施将进一步激发希腊的经济发展活力，这将为中希经贸合作奠定更为坚实的市场基础，为两国经贸合作开辟新空间。

三　中希文明互学互鉴，人文交流走实走深

作为东西方古老文明的传承者，中国与希腊不仅在漫漫历史长河中对世界产生了积极且深远的影响，并且平等、博

---

① 《国家发展改革委与希腊经济发展部签署中希〈关于重点领域2020-2022年合作框架计划〉》，2019年4月30日，国家发展改革委网站，https://www.ndrc.gov.cn/fzggw/wld/zy/lddt/201904/t20190430_1167089.html。

② 《中希重点领域2020-2022年合作框架计划指导委员会第三次会议在京召开》，2019年10月16日，国家发展改革委网站，https://www.ndrc.gov.cn/fzggw/jgsj/wzs/sjjdt/201910/t20191016_1193543.html。

爱、宽容等相通的发展理念也为两国的长期密切交往奠定了人文基础。

近年来，中希人文交流频繁。2014年年初，习近平主席与帕普利亚斯总统就中希互设文化中心达成共识。同年6月，李克强总理应希腊时任总理萨马拉斯邀请访问希腊，两国正式签署互设文化中心协议。2016年10月3日，中共中央政治局常委、中央书记处书记刘云山与希腊议长武齐斯（Nicos Voutsis）共同为雅典中国文化中心揭牌。2019年11月，在赴希腊前夕，习近平主席便在希腊《每日报》发表了题为《让古老文明的智慧照鉴未来》的署名文章，不仅饱含了一个古老文明向另一个古老文明所表达的由衷敬意，并且更充满了对于两国互学互鉴且为维护国际秩序贡献出文明智慧的深深期待。访希期间，习近平主席仍多次强调中希文明的交流互鉴，他指出，交流互鉴是文明发展的本质要求。中希友好不仅是两国的合作，更是两大文明的对话。[①]

2017年，中国—希腊文化交流与文化产业合作年（简称"合作年"）在雅典启动，在合作年的带动下，中希两国在音乐、电影、文学等一系列领域的合作均取得了重要进展。2019年，两国人文交流进一步丰富。一系列介绍中国文化的活动在希腊举办，如中国动漫展、中国主题图书文化创意展、设计中国·魅力汉字展、甘肃歌舞剧院以丝绸之路为主题的歌舞演出等。在中国，希腊文化也不断亮相。在第二届中国国际进口博览会上，作为主宾国之一的希腊不仅带来了希腊

---

① 《两大文明深度对话 习近平访希推动两国照鉴未来》，2019年11月12日，中新网，http://www.chinanews.com/gn/2019/11-12/9005385.shtml。

的外贸产品，还带来了希腊文化的影响。《希腊文明5000年》展览引起了中国观众的极大兴趣。第24届北京新年音乐会于2019年12月31日在北京人民大会堂举办，希腊雅典爱乐乐团首次访华，并在此次音乐会上为观众带来了精彩的演出。

在旅游方面，根据希腊旅游部公布的数据，2014年，赴希腊旅游的中国游客仅为10万人次，占同年希腊外国游客的0.41%。据希腊旅游部预测，2019年，赴希腊旅游的中国游客数量将超过18万人次。[1] 在相关政策的支持带动下，中希旅游合作将在未来迎来新的发展，而随着2021年中希文化旅游年的到来，中希两国独特的地域魅力也必将得到更大程度的释放。

人文交流、教育先行。中希两国向来十分重视教育事业，双方在教育领域也保持着良好合作关系。自1972年中希正式建交以来，两国便围绕教育领域积极寻求合作，并签署了多份重要文件，如2006年签署的《教育合作议定书》鼓励留学、促进高校合作、语言教育双向合作以及奥运教育交流等方面达成共识。2014年，中希两国发表的《关于深化全面战略伙伴关系的联合声明》再次提及要深化文化教育领域合作、强化经典学科领域协作以及加强双方高校语言及文化教育等。目前，北京外国语大学、对外经济贸易大学、上海外国语大学、广州外语外贸大学、西安外国语大学以及天津外国语大学六所高校已经开设了希腊语专业，北京大学、北京外国语大学、南开大学等高校也先后开设了希腊研究中心。雅典经

---

[1] 《"一带一路"催热希腊游》，《中国文化报》2019年11月30日。

济与商业大学和对外经济贸易大学合办的雅典商务孔子学院开办已近十年，成为了雅典民众学习中文及中国文化的重要窗口，亚里士多德大学与上海外国语大学合办的希腊第二所孔子学院将在塞萨洛尼基开设。同时，雅典大学、亚里士多德大学、比雷埃夫斯大学、约阿尼那大学等希腊高等院校也一直在为中国培养希腊语言、历史、海事、港口管理方面的人才。2019年5月，首届中国—希腊高等教育论坛在雅典举办，来自中国的40余位校长与来自希腊的十余位校长出席了此次论坛，加深了双方高校的相互了解，为两国进一步夯实人文交流基础。

中希两国在智库交流方面也取得了不俗的成绩。2019年11月8日，由中国社会科学院、中国日报社、拉斯卡瑞德斯基金会主办的"'一带一路'建设高质量发展与中希关系"研讨会在希腊港口城市比雷埃夫斯举行，该会吸引了中国与希腊两国的政府官员、专家学者和企业代表150余人出席。11月11日，在习近平主席和希腊总理米佐塔基斯见证下，中国社会科学院谢伏瞻院长与希腊拉斯卡瑞德斯基金会主席签署了双方共建"希腊中国研究中心"的合作协议。11月12日该中心在比雪埃夫斯正式揭牌。希腊中国研究中心旨在拓宽中国与希腊乃至欧洲著名智库、学府之间的合作渠道，通过该平台加强中希、中欧以及"一带一路"沿线国家之间的交流与合作。

在中希各界的共同努力下，两国人文交流已达到了前所未有的高度。在《中华人民共和国和希腊共和国关于加强全面战略伙伴关系的联合声明》中也明确提出，中国和希腊作为人类历史和文化最重要的古老文明的摇篮，应加强在文化遗产、考古、艺术、教育、旅游等领域的合作，密切人员往来和各种形式的民间交流，进一步增进中希人民之间的传统友谊和相互理解。

匈牙利

中国与匈牙利早在 2003 年和 2004 年接连发布了联合声明，建立了友好合作伙伴关系。自中国—中东欧国家合作启动以来，中匈关系明显向好，两国领导人会晤不断。2015 年，双方签署了《关于共同推进丝绸之路经济带和 21 世纪海上丝绸之路建设的谅解备忘录》。2017 年，在两国签署了《在共建"一带一路"倡议框架下的双边合作规划》之后，双边关系被提升为全面战略伙伴关系。

一　稳中有升的双边政治关系

2012 年以来，两国互访不断，政治互信不断增强，为双边关系的发展塑造了稳定的政治环境。中国国务院总理、中共中央政治局常委、国务院副总理、全国人大常委会副委员长、全国政协副主席等曾访问过匈牙利。2019 年，中匈建交 70 周年之际，全国人大常委会委员长栗战书和国务委员兼外交部部长王毅先后访问匈牙利。同时，匈牙利总统与总理、国会主席与副主席、外长均到访过中国。此外，双方领导人还在各类多边会议的场合举行会晤。值得一提的是，匈牙利总理欧尔班·维克多（Orbán Viktor）自2010年上台以来，参加了2012—2019年举办的八届中国—中东欧国家领导人会晤以及两届"一带一路"国际合作高峰论坛。两国领导人近八年频繁的互访为中匈双边关系注入了更多的动力。

匈牙利政府在2012年年初便开始制定并最终提出了"向东开放"政策（Keleti Nyitás）。匈牙利是该地区率先正式提出对亚洲（和中国）合作战略的国家。另外，在共建"一带一路"倡议与中国—中东欧国家合作框架下，匈牙利享有多个"第一"：既是中国—中东欧国家经贸论坛的第一个主办国（2012年），又是第一个正式签署"一带一路"倡议谅解备忘录的欧洲国家（2015年），还是第一个与中国联合设立"一带一路"工作组（2015年）的欧洲国家。可见，匈牙利对中国的政策以及与中国合作的紧密程度都是随着中国—中东欧国家合作的成立、推进与深化而不断加强的。

更重要的是，无论是2010年之前社会党政府还是当前青民盟政府，中匈双边关系都能够得到匈牙利政府的支持。近几届政府的外交部中常设有专门负责中国事务的专员或部门。现任匈牙利外长西雅尔多·彼得（Szijjártó Péter）就曾担任过这一职务。匈牙利政府在实施"向东开放"政策之前，就已经为两国关系发展铺平了道路，创造了十分良好的政治环境。2018年12月，匈牙利议会新一届匈中友好议员小组成功举办了首次会议。匈牙利议会常务副主席玛特劳伊·玛尔塔（Mátrai Márta）担任小组主席。新一届匈中友好议员小组由27名议员组成，系国会内最大的双边小组。会议上小组成员在发言中高度评价匈中关系发展，强调匈牙利各党派均高度重视发展对华关系。①

二　愈加紧密的中匈经济关系

自 2012 年以来，两国的贸易与投资合作日益密切。共建"一带一路"也推动了双边经济关系发展，进一步提升了双边贸易关系。

中国在匈牙利对外贸易中的重要性不断提升。当前中国已经成为匈牙利在欧盟以外的第一大贸易伙伴国。2012 年匈牙利与中国的双边货物贸易额为 87.7 亿美元。其中匈牙利对中国出口 17.9 亿美元，匈牙利自中国进口 69.8 亿美元。② 到了 2018 年，中匈双边贸易额达到 108.8 亿美元，同比增长 7.5%。其中中国对匈牙利出口额为 65.4 亿美元，同比增长 8.1%，自匈牙利进口额为 43.4 亿美元，同比增长 6.5%。③ 2019 年中匈贸易额有所下降，但仍在 102 亿美元以上。④ 从贸易结构来看，中方对匈牙利出口的产品主要有电机、电气、音像设备及其零附件、核反应堆、锅炉、机械器具及零件等。自匈牙利进口的主要产品有电机、电气、音像设备及其零附件、车辆及其零附件、核反应堆、锅炉、机械器具及零件等。

中国对匈牙利的投资涉及诸多领域。据中国商务部统计，截至 2018 年，中方对匈牙利各类投资累计 36.34 亿美元。

---

① http://www.chinaembassy.hu/chn/sgxxxyl/sgxwxyl/t1619990.htm.
② http://www.china-ceec.com/scdy/2013/0501/4080.html.
③ http://hu.mofcom.gov.cn/article/zxhz/201902/20190202836341.shtml.
④ http://ozs.mofcom.gov.cn/article/zojmgx/date/202003/20200302941074.shtml.

2019年1月至6月，匈牙利在华投资1813万美元，同比增长1284%。截至2019年6月底，匈牙利在华投资3.85亿美元。① 迄今为止，中国在匈牙利投资涉及化工、金融、电信、基建、物流、汽车、新能源、中医药、安防科技等领域。② 按照中国商务部对外直接投资统计口径，截至2018年，在15个行业中，除了农林牧渔业、采矿业以及水利、环境和公共设施管理业3个行业之外，其他12个行业均有覆盖。万华宝思德、中欧商贸物流园、丰原索尔诺克柠檬酸项目、华为欧洲供应中心、比亚迪电动大巴、中车—伊卡鲁斯双品牌新能源电动公交车等是中国对匈牙利投资的代表项目。③ 2019年最新的投资是由中国通用技术集团中机公司投资匈牙利考波什堡100MW光伏电站的项目。截止2018年底中国对匈牙利的投资为当地创造了大约1万个工作岗位。④

中国与匈牙利高端制造业及高科技投资项目合作逐渐兴起。中国企业此前收购匈牙利威斯卡特工厂（Wescast）和格林斯乐（Energosolar）的两个案例可以称之为早期案例，这两个收购案涉及高端汽车零部件和电子元器件制造。2019年9月，厦门盈趣科技股份有限公司与匈牙利威克集团共同出资打造的盈趣科技匈牙利产业园也正式投产，未来计划打造高端智能制造产业园区，将专注于创新消费电子产品的研发与生产。在物流领域，中欧商贸物流合作园区、匈塞铁路和中欧班列等是合作的良好例证。

---

① http://hu.mofcom.gov.cn/article/jmxw/201910/20191002902349.shtml.
② http://www.xinhuanet.com/world/2019-09/24/c_1125032241.htm.
③ https://www.imsilkroad.com/news/p/382076.html.
④ http://www.xinhuanet.com/english/2018-11/01/c_137575090.htm.

未来，匈牙利还将继续保持吸引中国投资的政策方向。为此，中匈联合举办了各类投资促进活动。仅在2019年，中国（陕西）—匈牙利经贸合作洽谈会、中国浙江（宁波）—匈牙利经贸科技合作交流会和中国（辽宁）—匈牙利经贸交流推介会就相继在匈牙利举办。同年4月，匈牙利外长在访华期间表示，匈牙利作为一个小型的开放经济体将继续致力于吸引中国投资，同时也期望中国的投资能给匈牙利带来更为先进的技术。①

三 中匈合作的亮点：匈塞铁路与熊猫债

匈塞铁路项目自提出以来，一直都是中匈双边、中国—中东欧国家合作的重要项目，该线路将联通希腊的比雷埃夫斯港口、巴尔干国家以及中欧，有效促进中欧和巴尔干之间的互联互通。匈牙利政府一直以来将该项目视为是与中国合作的标志性成果之一。习近平主席在2019年4月会见匈牙利总理欧尔班时也明确表示："要深挖潜力，推进匈塞铁路项目向前发展。"② 各方对匈塞铁路项目寄予了厚望。目前来看，该项目已经取得重大进展。2019年5月，中匈联合体中标匈段线路的设计与建设工程。该联合体由中铁九局工程建设有限公司、中国铁路电气化工程集团（匈牙利）有限公司以及匈牙利的 RM International Zrt 公司共同组成。

---

① https：//www.kormany.hu/en/ministry-of-foreign-affairs-and-trade/news/hungary-needs-imports-of-highly-developed-technologies-and-chinese-investments.

② http：//www.xinhuanet.com/politics/leaders/2018-11/05/c_1123667576.htm.

金融合作势头良好。2013年，中国人民银行与匈牙利中央银行签署了中匈双边本币互换协议。2014年，中国银行在匈牙利开设分行。2015年，中国银行成为中东欧地区的人民币业务清算行。2016年4月，匈牙利发行10亿元人民币债券（熊猫债），是中东欧国家发行的首支人民币债券。2018年，匈牙利再次发行20亿元的熊猫债。匈牙利中央银行十分重视与中国的合作，专门开设了"布达佩斯人民币倡议"和"人民币项目"两个专门关于中国和人民币的项目，并定期举办研讨会。此外，2019年，在支付宝与裕信银行签署协议后，支付宝正式进入匈牙利。在匈牙利旅游景点的部分商店中，中国游客可用支付宝购买商品。

四 全面发展的人文交流

中匈两国在人文交流领域成果颇丰。正如两国在2017年5月签署的《关于建立全面战略伙伴关系的联合声明》中所表示，双方愿意继续加强在文化、教育、体育、旅游等人文领域的交流合作，扩大互派留学生规模，推动两国青年的友好交往，拓展影视、智库、媒体等新兴领域合作。双方同意进一步加强卫生领域合作，支持中医药在匈牙利及中东欧地区的推广应用，包括在布达佩斯建立中东欧中医医疗教育和研究中心。中方欢迎匈方为中国公民赴匈牙利旅游、经商出台的签证便利措施，双方愿继续提高各自签证便利化水平，为双方人员往来创造更多有利条件。[①]

在教育领域，自 2006 年至今，已经有五所孔子学院在匈牙利落地生根，分别是罗兰大学孔子学院、赛格德大学孔子学院、佩奇大学中医孔子学院、米什科尔茨大学孔子学院以及 2019 年最新成立的德布勒森大学孔子学院。此外，上海复旦大学经济学院匈牙利布达佩斯教学点，作为复旦的首个海外教学点在 2018 年启动。该教学点的首个合作项目"复旦—考文纽斯硕士双学位项目"也正式开启。2019 年，复旦大学与匈牙利创新技术部签署了关于复旦大学在匈牙利布达佩斯设立海外校区的合作意向谅解备忘录。在中国，北京外国语大学、北京第二外国语学院、四川外国语大学、上海外国语大学、天津外国语大学等高校相继开设匈牙利语专业。匈牙利方面，匈方已于 2013 年宣布，每年向中方提供 200 个政府奖学金名额。2017 年起，中国则为匈牙利提供 100 个政府奖学金名额。2016 年 10 月中匈两国还签署《2016—2018 年教育合作执行协议》和《关于匈中双语学校的合作备忘录》。

在文化领域，匈牙利 2017 中国电影展、《日月桥——中国人的匈牙利记忆》图书首发仪式、"布达佩斯之春"中国主宾国活动、首届中国—中东欧国家文学论坛等相继在匈牙利举办。匈牙利著名画家蒙卡奇作品展、匈牙利文化周、文物展览"茜茜公主与匈牙利"等活动相继在华举办。2016 年 3 月在北京匈牙利文化中心"珂达伊点"项目的框架下，已经有北京若干所中学和小学开展了"珂达伊音乐教学法"的实

[①] https：//www.fmprc.gov.cn/web/gjhdq_676201/gj_676203/oz_678770/1206_679858/1207_679870/t1461257.shtml.

践课程。

旅游业更是中匈在人文领域合作的潜力股。2014年5月,匈牙利牵头成立了中国—中东欧国家旅游促进机构和旅游企业联合会。2016年,中国驻布达佩斯旅游办事处正式成立,这是原中国国家旅游局在中东欧地区设立的首个旅游办事处。2015年,中国国际航空公司开通了北京—布达佩斯直航。2019年,中国东方航空公司开通了上海—布达佩斯直航。据相关统计,2018年中国公民赴匈牙利旅游人次为25.6万,同比增长12.8%;旅客过夜数为42.1万人次,同比增长14.6%。[①]

---

① http://www.xinhuanet.com/travel/2019-05/15/c_1124494712.htm.

拉脱维亚

自中国—中东欧国家合作框架建立以来，中国与拉脱维亚两国高层往来密切，推动了双边的务实合作。地方城市交流与合作日益频繁，稳步推进了双边务实合作。两国交通物流合作得以推进，电子商务和生命科学领域合作也有进展。人文交流形式不断丰富，合作领域不断扩大。

一　高层交往推动合作

2012年4月，在波兰华沙举行的首次中国—中东欧国家领导人会晤期间，拉脱维亚时任总理瓦尔迪斯·东布罗夫斯基斯（Valdis Dombrovskis）与温家宝总理会面。会见期间，东布罗夫斯基斯表达了促进两国经济合作的意愿，指出中国是拉脱维亚重要且具有发展潜力的贸易伙伴，拉脱维亚愿与中国开展多方位的合作，尤其是过境运输以及物流等领域。[①]

[①] 《温家宝总理向东欧人民作出了数十亿的承诺》，https：//www.diena.lv/raksts/sodien-laikraksta/vens-sola-miljardus-austrumeiropiesiem-13944139。

2013年11月，受购物中心屋顶坍塌事件的影响，拉脱维亚时任总理东布罗夫斯基斯缺席在罗马尼亚布加勒斯特举办的第二次中国—中东欧国家领导人会晤，改由外交部部长埃德加斯·林克维奇斯（Edgars Rinkēvičs）代为出席。在与李克强总理会见期间，林克维奇斯递交了拉脱维亚吸引中国投资的意向项目，涵盖了航空、港口、物流等领域。①

2014年12月，拉脱维亚时任总理莱姆多塔·斯特劳尤马（Laimdota Straujuma）出席在塞尔维亚贝尔格莱德举办的第三次中国—中东欧国家领导人会晤。

2015年11月，拉脱维亚时任总理斯特劳尤马出席在苏州举办的第四次中国—中东欧国家领导人会晤，先后与李克强总理和习近平主席会面，并在上海和北京访问了中国商用飞机有限公司、中兴等企业以及高等院校。在中国访问期间，斯特劳尤马表示，拉脱维亚支持共建"一带一路"和三海港区合作倡议，这将为拉中两国在交通物流领域合作带来新机遇。②

2016年11月，第五次中国—中东欧领导人会晤在拉脱维亚里加举行。此次里加峰会还开启了中国总理对拉脱维亚的首访。访问期间李克强总理先后与拉脱维亚时任总理马里斯·库钦斯基斯（Māris Kučinskis）、议长伊娜拉·穆尔涅采（Ināra Mūrniece）和时任总统莱蒙德斯·韦约尼斯（Raimonds

---

① 《外交部部长向中国总理递交了拉脱维亚的投资项目》，https：//lvportals.lv/dienaskartiba/259435－arlietu－ministrs－kinas－premjeram－iesniedz－latvijas－investiciju－projektus－2013。

② 《明年拉脱维亚将举办"16＋1"合作机制的国家领导人会晤》，https：//lvportals.lv/dienaskartiba/275389－nakamaja－gada－latvija－notiks－sadarbibas－formata－161－premjerministru－sanaksme－2015。

Vējonis）会面。2016年正值中拉建交25周年，这次访问对促进中拉两国友好关系具有重要意义。

2017年11月，拉脱维亚时任总理库钦斯基斯参加在匈牙利布达佩斯举办的第六次中国—中东欧国家领导人会晤。2018年7月，拉脱维亚时任总理库钦斯基斯在参加保加利亚索非亚举办的第七次中国—中东欧国家领导人会晤时，与李克强总理进行了第三次会面。

2019年4月，受"不信任案"的影响，拉脱维亚新任总理克里什亚尼斯·卡林斯（Krišjānis Kariņš）缺席第八次中国—中东欧国家领导人会晤，改由外交部部长林克维奇斯出席。林克维奇斯指出，拉脱维亚希望能够进一步减少欧洲与中国间的贸易壁垒，实现更多拉脱维亚食品、药品及高附加值产品的出口。拉脱维亚正积极参与中国—中东欧国家电子商务中心的建设，并积极促成拉脱维亚与中国间的货运直航。[①]

在中国—中东欧国家合作的推动下，双方高层互访频率也达到了历史新阶段。根据拉脱维亚外交部统计显示[②]，中国—中东欧国家合作开展八年以来，双方高层互访达50余次。而在1994—2011年的18年间，双方高层互访仅为22次。八年来，两国领导人实现了频繁的互访，加强了政府间的交流。

2012年9月，拉脱维亚时任总理东布罗夫斯基斯访问中国，与温家宝总理、其他政府官员及企业家会面，并参加了

---

① 《外交部部长：16+1框架中拉脱维亚的关注点为连通、贸易和创新》，https://www.mfa.gov.lv/aktualitates/zinas/63148 - arlietu - ministrs - latvijas - prioritates - 16 - 1 - formata - ir - savienojamiba - tirdznieciba - un - inovacijas。

② 《拉脱维亚共和国和中华人民共和国双边关系》，https://www.mfa.gov.lv/arpolitika/div-pusejas - attiecibas/latvijas - un - kinas - tautas - republikas - attiecibas。

世界经济合作论坛。2014年5月，拉脱维亚时任议长索尔维塔·阿博尔京娜（Solvita Āboltiltiņa）访问中国，分别与李克强总理、张德江委员长会见。2017年4月，全国人大常委会委员长张德江访问拉脱维亚，分别会见了拉脱维亚时任总统韦约尼斯、时任总理库钦斯基斯和议长穆尔涅采，并在拉脱维亚图书馆出席了中方赠书仪式。2018年1月，作为北欧—波罗的海国家议长联合访问成员，拉脱维亚议长穆尔涅采访问中国，习近平主席、张德江委员长分别集体会见。应拉脱维亚议会邀请，2018年7月，全国政协副主席张庆黎访问拉脱维亚，与拉脱维亚议长穆尔涅采进行了会谈。2018年9月，拉脱维亚时任总统韦约尼斯来华参加夏季达沃斯论坛，并与习近平主席会面，讨论两国在政治、经济领域中的合作以及物流中心的建设与发展。

在高层交往不断深化的同时，近两年，两国地方层面的互访也日趋频繁，合作范围日益扩大，也促使更多务实合作项目落地。2018年4月，北京市副市长张工率代表团访问拉脱维亚，重点考察了里加国际港口；4月19日，宁波市政府秘书长张良才率团参加在里加举办的拉脱维亚—宁波经贸合作洽谈会；6月，拉脱维亚作为主宾国参加在宁波举办的第四届中东欧博览会；6月21日，拉脱维亚时任交通运输部部长奥古利斯到访深圳，深圳港与里加自由港签约建立友好港关系；10月30日，深圳市政府及深圳港代表到访里加；2019年1月5日，时任拉脱维亚驻华大使马里斯·赛尔嘉（Māris Selga）与哈尔滨市委书记王兆力举行会谈，就加强道加瓦皮尔斯与友城哈尔滨在文化、人员交流及健康领域合作交换意见；

4月8日，拉脱维亚大使赛尔嘉与西安副市长进行会谈，商议定期集装箱货运合作。

二 经贸务实合作

根据拉脱维亚中央统计局数据[①]显示，2019年拉脱维亚和中国间的贸易额为6.68亿欧元，居拉脱维亚贸易伙伴中的第12位；比2018年增长了2.9%，是中国—中东欧国家合作开始前（2011年）贸易额的两倍。2019年拉脱维亚出口中国的产品主要有木材及其制品（52%）、矿产品（13.1%，主要为泥炭）、机械及电子设备（10.1%）。进口产品主要为机械及电子设备（52.2%，主要为通信设备）、工业制品（9.6%，主要为照明设备）、塑料制品及橡胶制品（7.7%）。

根据拉脱维亚央行数据[②]显示，中国对拉脱维亚的直接投资从2014年起出现大幅增长，到2017年第三、第四季度出现峰值（7800万欧元），之后两年又有所回落。2019年第四季度中国对拉脱维亚的直接投资为5400万欧元，约占全部外国投资的0.34%。大部分直接投资集中在不动产领域，近几年来较有影响的案例有对护理品牌施丹兰（Stenders）的收购案、[③] 对公共思想研究公司"事实互动"（Factum Interactive）

[①] 拉脱维亚中央统计局数据库—外贸数据，http://data.csb.gov.lv/pxweb/lv/LV_SQL_START__01/ATCN8_G/。

[②] 拉脱维亚中央银行数据库—投资数据，https://statdb.bank.lv/lb/Data.aspx?id=128。

[③] 2017年9月底由中国商人通过在开曼群岛注册的公司CICC健康护理投资基金（CICC EHealthcare Investment Fund）收购了施丹兰护肤品牌，共投资240万欧元。

的投资案[1]以及华大基因集团对基因测序中心的投资案[2]。

立足于优越的地理位置，交通和物流一直是拉脱维亚在中国—中东欧国家合作框架中进行经济合作的优先领域。2018—2019 年，中国与拉脱维亚在交通物流领域取得了一系列务实成果。2018 年 11 月 16 日，在拉脱维亚铁路公司与西安国际贸易物流工业园签署战略合作协议后的两个月，中拉间的第五列货运班列抵达里加，这也是从西安开出的第一列中拉货运班列。货物集装箱到达拉脱维亚后，进一步运往德国和芬兰；同时，来自鹿特丹的 260 个货物集装箱在里加港中转运回中国。里加港口区第一次实现了中拉双向货物运输。2019 年 4 月，第二届"一带一路"国际合作高峰论坛期间，中国铁路与拉脱维亚铁路加深合作，为货物运输提供了新服务；中国海运公司成为里加国际港北欧货运线路中的一个成员；拉脱维亚邮政及里加国际机场实现与中国企业的合作，为欧洲及其他国家途经拉脱维亚进行的电子购物在交通与物流方面提供更高效的解决方案。

电子商务合作领域成为两国贸易、交通和物流领域合作的新途径。2019 年 4 月，第八次中国—中东欧国家领导人会晤期间，拉脱维亚与宁波市政府签署了《关于合作支持建设中国（宁波）—拉脱维亚跨境电子商务港湾的谅解备忘录》。5 月 20 日，中国（宁波）—拉脱维亚跨境电子商务港湾在里加启动。同月，中国和拉脱维亚间开通了常规货运航班。该

---

[1] Factum Interactive 是拉脱维亚一所商业及管理咨询公司，由中国私营资本持有该公司 40% 的股份。

[2] 2019 年 12 月，中国华大基因集团在里加机场附近的"机场公园"建设的基因测序中心正式启用，该中心投资达 1500 万欧元。

航班由俄罗斯阿特朗航空快运公司执飞，每周一班，往返于杭州和里加之间，为阿里巴巴旗下的菜鸟网络提供电商货物跨境运输。第三方支付平台支付宝也在里加部分商业中心投入使用。

2018—2019 年，中国与拉脱维亚在旅游业也取得了丰硕的合作成果。根据拉脱维亚经济部部长拉尔夫斯·耐米罗（Ralfs Nemiro）在与中国文化和旅游部部长雒树刚会见时提供的数据[①]显示，2018 年赴拉脱维亚旅游的中国游客人数约 2.3 万，比 2011 年增长了 10 倍。2018 年正值拉脱维亚独立 100 周年，拉脱维亚驻华大使馆开展并参与了一系列旅游推广活动，将拉脱维亚打造成一个新鲜、安全、有趣的旅游目的地，进一步打开中国的旅游市场。2019 年 5 月 13 日，拉脱维亚投资发展署与同程旅游公司签订长期合作意向书，借助网上平台，对拉脱维亚旅游产品进行全方位、深层次的推广及销售。此外，推动开通中国—拉脱维亚直航客机航班以进一步实现积极的人员流动，是拉脱维亚在促进两国旅游合作领域中的一贯诉求。

中拉两国还在生命科学领域取得重大合作进展。经过两年的推进，2019 年 11 月，中国基因组研究公司华大基因集团基因测序中心在里加落地，这是中国企业在中东欧地区设立的首个生命科技中心，是中国—中东欧国家合作中的一个重要成果。该项目投资 1500 万欧元，是拉脱维亚近期最大的投资成功案例。

---

① 《中国和中东欧 17 国旅游部长及企业达成在旅游领域加强合作的意见》，http：//travel-news. lv/？ m_id = 18545&i_id = 5&pub_id = 118931。

三 人文交流

中国—中东欧国家合作开展以来，中国与拉脱维亚之间学生、学者交流数量稳步提升，人文交流形式不断丰富，合作领域不断扩大。

2015年5月，国家新闻出版广电总局、中国驻拉脱维亚大使馆和拉脱维亚国家电影中心在里加共同举办首届中国电影节。电影节期间向拉脱维亚观众公映了《一代宗师》《西藏天空》等十部不同题材的故事片和纪录片。2016年8月，拉脱维亚著名汉学家贝德高（Pēteris Pildegovičs）教授以其编纂的《汉语—拉脱维亚语大词典》获得第十届中华图书特殊贡献奖。2017年9月，苏州与里加两地举办了一系列交流活动来庆祝两市结交友好城市二十周年，其间，里加市政府代表团访问了苏州。2018年2月10日，"欢乐春节"大型文化活动首次在拉脱维亚亮相，为拉脱维亚人民了解春节传统和中国文化提供了一个良好的契机。来自苏州手工艺的匠人和上海的民乐艺术家为当地民众展示了苏州非物质文化遗产和中国传统民乐的无穷魅力。2019年"欢乐春节"活动继续开展，成为中拉人文交流的新品牌。2019年5月2日，苏州芭蕾舞团访问拉脱维亚并上演大型芭蕾舞剧《唐寅》。此次演出采用西方艺术形式完美演绎了东方的故事，对中国文化在拉脱维亚的推介起到了积极作用。

2018—2019年，中拉两国拓宽了在文学出版界的合作。2018年8月21日，中国典籍《论语》《道德经》的拉脱维亚语版译者、拉脱维亚汉学家史莲娜（Jelena Staburova）教授获得第十二届中华图书特殊贡献奖。8月23日，中国—中东欧出版联合会成立，拉脱维亚作家协会及雅尼斯·洛泽出版社代表出席成立仪式，此前该出版社曾出版中国诗人吉狄马加的诗歌选集。11月23日，拉脱维亚汉学家贝德高教授八十寿辰之际，其潜心编纂的《汉语—拉脱维亚语大词典》和《精选拉脱维亚语汉语—汉语拉脱维亚语词典》电子版正式发布。2019年4月，海豚出版社出版了第一本由拉脱维亚语直接译为中文的拉脱维亚原创儿童文学作品《小猫头鹰走失记》（*Ucipuci meklē mājas*），其作者扎奈·祖斯塔（Zane Zusta）随后于5月至6月参加了第四届中国国际文学节，向中国读者推介拉脱维亚儿童文学。此外，拉脱维亚国家戏剧院于2019年4月至5月参加了上海国际戏剧节，成为第一个到访中国的拉脱维亚戏剧院。

2019年10月22日，波罗的海地区首个中国文化中心——里加中国文化中心正式揭牌。中拉两国于2016年签署了在里加设立中国文化中心的谅解备忘录。自筹建以来，该中心就已经在策划、举办各种高质量文化活动、推动两国文化交流与合作方面发挥了积极作用。

中拉人文交流的良好局面也得益于拉脱维亚官方的大力支持。拉脱维亚利用里加当选欧洲文化之都、担任欧盟轮值主席国、中拉建交25周年、拉脱维亚独立一百周年等契机，在中国开展了一系列与民众互动的活动，如摄影展、画展、电影节、旅游推介活动，拉脱维亚艺术家、手工艺人的频繁到访，为中国民众更好地展示了拉脱维亚的自然风貌、人文风情。

立陶宛

1991年9月14日，中立双方代表签署了《中华人民共和国和立陶宛共和国建交联合公报》，开启了中立建交合作的新篇章。

2012年中国—中东欧国家合作框架成立以来，立陶宛积极参与并呈现两个阶段。第一个阶段是2012—2017年，立陶宛在此阶段参与中国—中东欧国家合作的主要领域集中于人文交流；第二个阶段是2017年之后，这个阶段中立合作出现了新进展。

一　高层互访不断，地方合作升温

自2012年第一届中国—中东欧国家合作平台创建以来，立前后三任总理七次出席中国—中东欧领导人会晤[1]。李克强总理在2019年杜布罗夫尼克领导人会晤期间同立方领导人会

---

[1] 2012年立陶宛出席会晤的是为总理库比留斯；2013—2016年为总理布特克维丘斯；2017为总理斯克韦尔内利斯；2018年为财政部长维柳斯·沙波卡；2019年为总理斯克韦尔内利斯。

晤时表示:"立陶宛是中国在波罗的海三国中的第一大贸易伙伴,双方应扩大交流合作,推动中立友好迈上新台阶。双方要对接发展契合点,加强亚欧运输连接合作,共同推进中欧货运班列、波罗的海联合铁路项目以及港口和工业园区建设合作。加强跨境贸易人民币结算、电子商务合作,扩大农产品贸易,拓展文教、旅游、地方等领域交流合作。"[1] 目前,双方在政治、经济、文教领域合作取得诸多进展。

2017年12月19日,立陶宛企业署署长克莱波内(Daina Kleponė)正式签署中国国际进口博览会参展意向书,立陶宛成为中国国际进口博览会首个签约参展国(企业展)[2]。2018年11月,立陶宛总统格里包斯凯特(Dalia Grybauskaitė)率团访华出席中国国际进口博览会,并组织、出席了由数十个立陶宛企业参加的贸易投资会。11月5日,习近平主席在上海会见了立陶宛总统格里包斯凯特并指出:"立陶宛区位优势明显,能够在亚欧互联互通中发挥重要作用。中方愿同立方加强发展战略对接,推进共建'一带一路'合作,特别是共同推动中欧班列和'三海港区'建设,扩大双向投资,在电子商务、金融技术、新能源、激光和农业等领域加大合作。"[3] 立陶宛总统格里包斯凯特表示愿意加强同中方的全面合作,积极推动加快中欧投资协定谈判和中国—中东欧国家务实合作,共同促进多边主义和自由贸易[4]。立陶宛借首届中国国际进口博览会国家将优势企业引入中国市场,除了传统的食品

---

[1] http://www.gov.cn/guowuyuan/2019-04/13/content_5382271.htm.
[2] http://www.mofcom.gov.cn/article/i/jyjl/m/201801/20180102695607.shtml.
[3] http://www.xinhuanet.com/politics/leaders/2018-11/05/c_1123667767.htm.
[4] http://www.xinhuanet.com/politics/leaders/2018-11/05/c_1123667767.htm.

和纺织品行业之外，有4家激光企业进入了中国市场，并在中国内地建立了研发中心与办事处。

地方合作稳步推进，友城关系继续缔结。早在中国—中东欧国家合作建立以前，中立就已经建立了三对友城关系，保持着传统的友谊。2017年，第四对友好城市关系也成功缔结。目前双方已建立四对友城关系：厦门—考纳斯（2001年）、青岛—克莱佩达（2004年）、广州—维尔纽斯（2006年）、深圳—维尔纽斯（2017年）。中立双方开展了各类形式的特色合作。例如山东—立陶宛文化周（2015年）、山东—立陶宛企业合作交流会（2015年）、山东—立陶宛经贸合作论坛（2017年）等。立陶宛企业也相继与天津市贸促会、上海科技园等多家中方机构签署合作协议。

二 经济合作深化发展，经贸投资稳步升级

中立两国在交通运输领域开展合作。2016年里加会晤期间，中国发展改革委与立陶宛交通部签署《关于开展港口和临港产业园区合作的谅解备忘录》（以下简称《备忘录》），为双方开展交通基建合作提供了指南。在《备忘录》指导的方向下，中铁集团对波罗的海铁路项目表现出了兴趣，中国招商局集团也在就克莱佩达深水港进行沟通洽谈。

中立农业领域合作取得进展。2016年，中国质检总局与立陶宛农业部、国家食品和兽医总局正式签署立陶宛产乳制品对华出口的卫生检验检疫议定书，立陶宛15家水产品企业和17家乳品生产企业分别获得对华出口资格。这是立陶宛农

业产品首次大规模开辟中国市场,多家农产品企业随后将商品出口至中国,2017年5月,中国质检总局与立陶宛农业部、立陶宛国家食品和兽医总局正式签署立陶宛冷冻牛肉对华出口卫生检验检疫协定书,为立陶宛冷冻牛肉输华打开大门。2017年8月,中立双方签署《2018—2020年农业领域合作行动计划》(以下简称《行动计划》)。《行动计划》是中立农业主管部门为促进两国农业合作达成的协定,对密切两国关系、进一步开展农业领域务实合作具有现实意义。2019年,两国签署关于小麦与青贮饲草进出口合作议定书。各类农业产品输华检验检疫议定书的签署促进了两国农业合作。

中立经贸投资稳步升级。2008年的欧债危机给立陶宛经济带来了不小的冲击,中立双边贸易也因此受到影响。2009年,中立双边贸易总额跌至谷底(仅为11.45亿美元)。危机后,两国贸易重回平稳上升通道。至2012年,中立贸易额达17.21亿美元,首次超越危机前最高水平。2018年,中立双边贸易额首次突破20亿美元大关,同比增长13%。2019年中立双边贸易额达21.14亿美元,再创历史新高(见表8)。目前,立陶宛已经成为中国在波罗的海地区最大的贸易伙伴,中国则是立陶宛在亚洲最大的贸易伙伴。

表8　　2012—2019年中国—立陶宛双边贸易规模

(单位:亿美元)

年份	中国自立陶宛进口	中国对立陶宛出口	双边贸易额
2012	0.89	16.32	17.21
2013	1.24	16.87	18.11

续表

年份	中国自立陶宛进口	中国对立陶宛出口	双边贸易额
2014	1.57	16.58	18.15
2015	1.40	12.11	13.51
2016	1.60	12.90	14.50
2017	2.54	15.99	18.53
2018	3.3	17.63	20.93
2019	4.4	16.95	21.33

资料来源：中国商务部[①]

中国在立陶宛投资呈现稳步发展的趋势，并不断拓展新的投资领域。过去十年，中国对立陶宛的投资增长率达到了218%[②]；中国对立陶宛的对外直接投资占中国对波罗的海地区的直接投资的75%。具体而言，立陶宛除拥有70多家华人中餐馆之外，约有中资企业10余家，包括华为、中兴、中国招商局都在立陶宛设有办事处，华北电力设计院并购ETI公司、江苏林洋能源并购ELGAMA公司和IBS会计公司等[③]。

金融科技合作成为双方合作的亮点。2014年以来，以立陶宛、拉脱维亚和爱沙尼亚为代表的波罗的海国家已成为金融科技领域的佼佼者，在金融科技界知名度颇高。近年来，由于立陶宛宽松的金融创新政策环境，吸引不少中国金融科技企业关注。2017年，5家中国金融科技公司在立陶宛注册并获得立陶宛中央银行颁发的电子货币机构或支付机构牌照。

[①] 中国商务部：《2018年对外投资合作国别指南——立陶宛》http://www.mofcom.gov.cn/dl/gbdqzn/upload/litaowan.pdf。

[②] https://beltandroad.hktdc.com/en/insights/lithuania-maritime-link-between-east-and-west.

[③] http://history.mofcom.gov.cn/?bandr=ltwyzgdwjjmjydylgx。

2019年4月，在中国—中东欧国家领导人杜布罗夫尼克会晤期间，各国领导人一致同意在维尔纽斯建立中国—中东欧国家金融科技合作中心。2019年11月底，中国—中东欧国家高级别金融科技论坛在立陶宛维尔纽斯举行，主要探讨有关金融服务、区块链技术、消费者和数据保护、监管实践、风险管理和网络安全的创新等议题。在论坛开幕期间，启动数字中国—中东欧国家金融科技协调中心。该中心的成员由来自各国财政部以及各国中央银行的代表构成。

三　人文交流不断深入，民心相通前景广阔

2017年9月，立陶宛经济部长来华参加第22届"联合国世界旅游组织大会"，并亲自为立陶宛旅游进行宣讲推介。根据立陶宛国家旅游局统计，近年来中国赴立陶宛旅游人数显著增多。2016年前往立陶宛旅游的国际游客总共149万人次，其中中国游客有1.2万人次，比2015年增长25.3%；2018年立陶宛接待境外游客达170万人次，其中中国游客人数达1.9万人次，同比增长20.6%；2019年，中国访立游客人数达2.1万人，比2018年度增长9.5%，均创历史新高①。

中立高教合作也在陆续展开。2018年1月，维尔纽斯大学与河北外国语大学签署合作协议；2018年9月，北京第二外国语学院与维尔纽斯大学签署贯培项目协议，并列入第七次中国—中东欧国家领导人会晤成果清单；2018年11月和

---

① http://cn.chinadaily.com.cn/a/201902/28/WS5c789a18a31010568bdccc2d.html.

2019年3月，华侨大学与福建农林大学分别与维陶塔斯·马格努斯大学签署合作协议，就未来共建孔子学院、师生交流、合作研究等领域开展合作；2019年11月，安徽建筑大学与维尔纽斯科技大学洽谈教育领域合作，共同推进双方的学术交流与发展。

语言教学方面，立陶宛语是立陶宛的官方语言，目前在全球约有4百万人使用。目前，北京外国语大学和北京第二外国语学院开设了立陶宛语专业，每届可培养约20名专业人才。此外，专门关注波罗的海地区的研究机构也开始在中国出现，例如贵州大学波罗的海区域研究中心、辽宁大学波罗的海研究中心等。

早在2010年，立陶宛第一家孔子学院就在维尔纽斯大学建立。孔院每年举行的各类特色活动吸引了当地市民参加。例如，维尔纽斯大学孔子学院为在校生和职场人士提供商务汉语课程，并在维尔纽斯、考纳斯、克莱佩达和什文乔尼斯若干所中小学开设了孔子课堂，提供基础汉语和文化课程[1]。维尔纽斯大学和维陶塔斯·马格努斯大学开设了汉语专业，约100名汉语专业学生在读。中国政府每年向立陶宛学生提供33个全额政府奖学金名额和3个中东欧医学奖名额，给予留学生来华学习交流的机会[2]。

---

[1] http://www.chinaembassy.lt/chn/sgxw/t1734675.htm.
[2] http://www.chinaembassy.lt/chn/sgxw/t1734675.htm.

黑　　山

2006 年中国同黑山建立外交关系，自 2012 年以来，黑山作为中国—中东欧国家合作框架中的一员，与中国在经济、政治、人文领域的合作进入机制化的新时期。政治方面，两国领导人多次会晤，保持传统友好关系的同时进一步加深了两国的政治互信。经济方面，中黑两国贸易往来密切，双边贸易结构不断优化，中国成为了黑山最主要的贸易伙伴之一。人文方面，双方在科、教、文、卫等领域的交流与合作蓬勃开展。

一　政治互信加深，地方联系紧密

（一）高层交往推进双边合作深化

除了参加每届中国—中东欧国家领导人会晤外，黑山国家领导人、政要积极开展与中国高层的对话交流。2013 年 4 月，黑山社会民主党代表团参加在苏州举行的第四届中欧政党高层论坛。7 月，黑山代表团出席在重庆举行的中国—中东欧国家地方领导人会议。9 月，黑山社会主义者民主党、社会民主党派代表来华参加中国与中东欧青年政治家论坛。①

2014年5月，中国—中东欧国家合作黑山国家协调员、副总理顾问约韦蒂奇（Jovetić）出席在北京举行的第三次中国—中东欧国家合作国家协调员会议。12月，时任黑山总理久卡诺维奇在贝尔格莱德同李克强总理会见，双方一致认为，首要任务是基础设施领域的合作，特别是铁路和能源部门的现代化，并且强调了教育领域合作的重要性。

2013年9月，黑山农业和农村发展部长伊万诺维奇（Ivanović）来华出席第八届中国与中东欧农业经贸论坛。2014年6月，黑山经济部副部长塞库利奇（Sekulić）来华出席中国—中东欧国家经贸促进部长级会议。7月，中黑经贸合作项目交接仪式在黑山首都波德戈里察举行。2015年1月，双方在波德戈里察签署了《中华人民共和国政府和黑山政府经济技术合作协定》。6月，中黑经贸合作委员会第五次会议在宁波举行，副总理武伊察·拉佐维奇（Vujica Lazović）及交通和海运部部长伊万·布拉约维奇（Ivan Brajović）代表黑山出席了会议。

2017年5月，在首届"一带一路"国际合作高峰论坛期间，中黑签署了《中华人民共和国政府与黑山政府关于共同推进丝绸之路经济带与21世纪海上丝绸之路的谅解备忘录》，黑山交通和海运部部长奥斯曼·努尔科维奇（Osman Nurković）出席"一带一路"国际合作高峰论坛高级别会议。6月，努尔科维奇赴澳门出席国际基础设施投资与建设高峰论坛。

---

① 《中黑关系史》，2018年9月13日，中国驻黑山大使馆网站，http://me.chineseembassy.org/chn/zhgxs/t1440356.htm。

2018年5月，黑山议长伊万·布拉约维奇一行访华并同全国人大常委会委员长栗战书、全国政协主席汪洋分别会见。7月，李克强总理在保加利亚索非亚会见出席第七次中国—中东欧国家领导人会晤的黑山总理杜什科·马尔科维奇（Duško Marković），加深了在交通、能源、旅游等领域的合作。2018年11月，黑山公共管理部长苏珊娜·普利比洛维奇（Suzana Pribilović）来华出席2018中国国际友好城市大会，推进落实了两国的经济合作。2019年4月，李克强总理在克罗地亚杜布罗夫尼克会见出席第八次中国—中东欧国家领导人会晤的黑山总理马尔科维奇，扩大了两国在基础设施建设以外的合作。

（二）地方合作加深

2014年8月，黑山采蒂涅市市长博格达诺维奇（Bogdanović）出席在捷克举行的中国—中东欧国家地方领导人会议。2017年，新海尔采格市卡蒂奇（Katić）市长率团对山西省河津市进行了为期一周的参观访问；9月，北京市委副书记、代市长陈吉宁赴黑山出席第二届中国—中东欧国家首都市长论坛。2018年6月27—28日，河津市政府代表团对新海尔采格市进行了回访，并与卡蒂奇市长共同签署了《中华人民共和国河津市与黑山新海尔采格市建立友好城市关系协议书》，正式确立两市的友好城市关系。[①] 2019年6月，黑山前总统、名誉总统菲利普·武亚诺维奇（Filip Vujanović）率代表团访问宁波和大连，并出席在宁波举行的第三届中国—中

---

① 中黑关系史，2018年9月13日，中国驻黑山大使馆网站，http://me.chineseembassy.org/chn/zhgxs/t1440356.htm。

东欧市长论坛。在大连期间，代表团出席第五次中国—中东欧国家地方省州长联合会工作组会议及中国（大连）—黑山合作交流会。①

二　经济合作深化，基建项目进展顺利

（一）双边贸易

中黑双边贸易额呈波动增长趋势。2019年，中黑进出口总额达1.57亿美元，同比减少28.5%；但2018年，中黑进出口总额达到最大值2.20亿美元，同比增长10.6%。最大的增幅出现在2014年，进出口总额达2.11亿美元，同比增长106.1%。此外，黑山贸易逆差较大且持续增大。

根据黑山统计局（Monstat）的数据，2013—2019年，中国始终是黑山的主要进口国之一。黑山自中国进口额在2018年达到最大值2.566亿欧元。

表10　　　　　　　2014—2019年中黑双边贸易额

年份	双边进出口总额（亿美元）	累计比去年同期±%	中方出口额（亿美元）	累计比去年同期±%	中方进口额（亿美元）	累计比去年同期±%
2014	2.11	106.1	1.57	81.8	0.54	235.8
2015	1.59	-24.7	1.34	-14.6	0.24	-54.4

---

① 《黑山前总统、名誉总统武亚诺维奇访华》，2019年6月3日，中国人民对外友好协会网站，https://www.cpaffc.org.cn/index/news/detail/id/1462/lang/1.html。

续表

年份	双边进出口总额（亿美元）	累计比去年同期±%	中方出口额（亿美元）	累计比去年同期±%	中方进口额（亿美元）	累计比去年同期±%
2016	1.41	-10.8	1.09	-19.0	0.33	34.2
2017	1.99	41.3	1.33	22.4	0.66	104.0
2018	2.20	10.6	1.78	34.5	0.42	-37.0
2019	1.57	-28.5	1.14	-36.1	0.43	3.8

资料来源：笔者根据中国海关统计数据①自制。

表11　黑山2013—2019年主要进口国及所占进口比例

年份 \ 名称	总进口额（亿欧元）	自中国进口额（亿欧元）	占总进口额比例（%）
2013	17.734	1.429	8.06
2014	17.842	1.327	7.44
2015	18.415	1.896	10.30
2016	20.617	1.852	8.98
2017	23.035	2.214	9.61
2018	25.536	2.566	10.05
2019	26.004	2.216	8.50

资料来源：笔者根据黑山统计局（Monstat）②数据自制。

中国保利集团公司与黑山之间经贸往来已久，是黑山最大的红酒进口代理商。保利集团向黑山出口4艘远洋散货

---

① 中国海关统计数据，http：//www.customs.gov.cn/customs。
② 黑山统计局（Monstat），http：//www.monstat.org/eng。

船。① 2018 年 11 月，黑山作为受邀国之一组成代表团来华参加首届中国国际进口博览会。尽管代表团人数很少，但包括黑山政府代表、黑山商会和黑山最大的葡萄酒公司"葡兰塔汁葡萄酒"（Plantaže）以及旅游机构"飞翔黑山旅行社"（Fly Montenegro）这两家大型公司的代表。

（二）基础设施建设合作项目落地

基础设施建设被黑山政府列为 2014 年的优先事项，旨在提高公民的生活水平、促进国家的经济增长和均衡发展。为此，黑山交通和海运部部长伊万·布拉约维奇（Ivan Brajović）和中国驻黑山大使智昭林于 2014 年签署了《关于加强基础设施建设合作协定》的修正案。② 该协议为中黑基础设施建设合作提供了法律框架。2014 年以来，中黑两国在基础设施建设领域的合作成果丰硕。

1. 交通领域

黑山南北高速公路，又名巴尔—博利亚雷高速（Bar – Boljare）公路，是黑山首条高速公路，该项目连接了黑山南部城市巴尔港（Bar）与塞尔维亚南部边境城市博利亚雷（Boljare）。这条高速公路作为泛欧第 11 号走廊（从黑山的巴尔港为起点，经塞尔维亚往北一直修到罗马尼亚）的一部分，在黑山境内的设计总长 180 公里，将分 5 段建设。中国路桥公司承建一期 41 公里段——"斯莫科瓦茨 – 马泰舍沃"（Smok-

---

① 黑山政府官网，http：//www. gov. me/en/search/141690/Chinese – Poly – Group – interested – in – energy – projects – in – Montenegro. html.

② 黑山政府官网，http：//www. gov. me/en/search/135567/Montenegro – and – China – sign – Agreement – on – enhancing – cooperation – in – infrastructure – construction. html。

ovac – Mateševo），项目总价值 8.09 亿欧元。其中，中国进出口银行提供 85% 的贷款，剩余 15% 资金由当地政府筹资。[①] 但由于黑山国家体量小，已经触及贷款上限，面临国家主权信用评级下调的风险。为了不影响泛欧 11 号走廊的整体规划部署，中国路桥联合金融机构针对二期项目尝试由贷款转为投资进行建设，建成后将取得相应公路的特许经营权。

该项目于 2014 年签署，2015 年动工，在经历了初期审批缓慢、地质环境影响、团队磨合等困难之后，2017 年开始提速，2019 年 5 月 22 日，黑山南北高速公路项目马泰舍沃隧道（19 号隧道）左右洞顺利贯通。预计一期 41 公里段于 2020 年 9 月竣工。与此同时，二期修建工程已在谈判中。

据黑山统计局数据显示，随着项目建设于 2017 年全面推进，黑山 GDP 同比增速由 3.1% 提升至 4.7%，提升 1.6%。黑山的失业率从 2017 年第一季度的 17.4% 下降到第三季度的 14.8%，下降 2.6%。该项目的实施对黑山产生积极的供给效应，提升黑山整体生产力水平，拉动黑山经济发展。参与该项目的当地及周边国家合作方有 200 余家，其中工程分包商 80 余家，设备和物资供应商 120 余家，涉及金额约 2.8 亿欧元。项目在当地的外包带来了技术外溢效应，既带动了当地的就业，同时也有助于提升分包商的技术水平。同时，基础设施建设尤其是南北高速公路第一阶段的建设，导致其他非金属矿产品的产量大幅提高，制造业开始复苏。基础设施建

[①] Reiner Osbild, Will Bartlett, *Western Balkan Economies in Transition: Recent Economic and Social Developments*, Springer, 2018, p. 142.

设投资及旅游业的发展推动黑山经济高速发展。① 2018 年黑山的国民生产总值达到 46.63 亿欧元,同比增长 5.1%。②

2017 年 5 月 9 日,驻黑山大使崔志伟代表中国政府与黑山政府副总理米卢廷·西莫维奇（Milutin Simović）签署经济技术合作协定,中方拨款 2000 万人民币（约合 263 万欧元）用于双方合作修缮塔拉河大桥(Đurđevića Tara)。2018 年 5 月 8 日,黑山副总理西莫维奇与崔志伟大使签署了一项新的经济技术合作协议,中国将再拨款人民币 2000 万元,用于塔拉河大桥的修缮和其他项目。③ 塔拉桥不仅是黑山北部的重要交通枢纽,而且在第二次世界大战期间的反法西斯斗争中发挥了重要作用,具有重要的历史意义。

2. 能源领域

2015 年 5 月,中黑合作建设的太阳能路灯示范项目分别在黑山故都采蒂涅（Cetinje）及世界自然和文化遗产城市科托尔（Kotor）开始施工。中国为该项目捐赠了价值为 360 万欧元的太阳能路灯。2015 年 12 月该项目竣工,2016 年 7 月正式交付黑山。采蒂涅和科托尔是黑山首次开展节能路灯项目的地方政府。新型太阳能路灯的投入为两座城市节省了大量电力。④

黑山国内电力供应长期不足,需要依靠国外进口。2017

---

① Milika Mirković：《黑山 2018 年经济形势综述》，中国—中东欧研究院微信公众号，2019 年 1 月 25 日。
② 黑山统计局，"Gross domestic product of Montenegro in 2018"，2019 年 9 月 27 日。
③ https：//www.vijesti.me/vijesti/ekonomija/kina – ce – opredjeliti – 2 – 63 – miliona – eura – za – rekonstrukciju – mosta – na – durdevica – tari – i – druge – projekte.
④ 黑山政府官网，http：//www.gov.me/en/search/163587/Signing – of.html。

年，黑山电力进口量约占电力消耗总量的32%。中黑能源合作完善了黑山沿海地区供电基础设施建设。总装机容量为46兆瓦的莫茹拉（Možura）风电站项目于2017年11月开工，2018年4月投入试运营，2019年完工并正式投入运营。该风电站位于黑山南部港口城市巴尔的莫茹拉山山脊上，由23套中国制造的2.0兆瓦低风速智能风机组成，是由中国国家电力投资集团所属上海电力股份有限公司与马耳他政府携手在第三方市场共建的新能源建设项目。莫茹拉风电站年发电量预计占黑山全国发电总量的5%，将主要满足巴尔和乌尔齐尼（Ulcinj）两座城市的用电需求。[①] 此外，黑山的水电占电力供应比重大，许多地区在枯水期会出现供电不足。莫茹拉风电站投入运营，不仅能在枯水期保证稳定供电，在丰水期，黑山还能将多余的电量对外销售。莫祖拉风电站正式运营后，每年可为黑山减少3000吨二氧化碳的排放量，具有重要环保意义。风电站还帮助巴尔、乌尔齐尼及更广泛区域获得了更稳定的电力供应，有利于促进当地旅游业发展。

中黑两国在能源领域的合作也体现在地方合作上。2018年5月2日，中国驻黑大使崔志伟与黑山北部边境重镇普列夫利亚市（Pljevlja）市长加契奇（Đačić）签署合作协议，携手助推黑山北部地区的发展。

（三）旅游合作效益显著

旅游业是黑山的支柱产业之一。根据黑山统计局的数据，

[①] 《中企参与的黑山莫茹拉风电站项目投入试运营》，《人民日报》2019年7月2日。

2017年，大约有2.4万名中国游客前往黑山，与2016年相比，这一数字增加了一倍，并且一共有3.4万人次过夜住宿；2018年赴黑中国游客数量达4万余人，超过5万人次在黑山过夜，同比分别增长82%和67%。2018—2019年外国游客入黑并过夜停留结构中，中国游客的数量与其他非欧洲国家相比所占比例最高，维持在2%左右。① 黑山对多数中国游客来说仍属新兴目的地，而中国游客出境游时间刚好与黑山旅游季形成错峰。中黑旅游合作呈现积极态势的同时，仍有很大增长空间。

2018年10月，北京市旅游委在黑山首都波德戈里察举办了"重走丝绸路，魅力新北京"为主题的北京旅游洽谈会活动，进行了有关两市旅游合作项目的对接（以企业为主）。② 2018年11月，黑山旅游公司"飞翔黑山"参加上海进博会，将深化与中国旅行社的合作关系，并进一步开放黑山旅游市场、优化旅游产品。同时，黑山代表团与中国"携程"代表也讨论了进一步的合作路径。2019年10月，黑山总理杜什科·马尔科维奇（Duško Marković）在波德戈里察会见了优途中国旅行社（U-Tour）董事长冯斌。优途将在黑山扎布利亚克（Žabljak）镇建造一家100间客房的酒店。③

---

① 黑山统计局（Monstat），http://www.monstat.org/eng。
② 《"重走丝绸路　魅力新北京"北京旅游推广活动走进黑山》，2018年10月25日，中国驻黑山大使馆网站，http://me.china-embassy.org/chn/sghd/t1607162.htm。
③ https://www.blic.rs/biznis/strategija/kinezi-zele-da-grade-na-zabljaku-planiraju-hotel-od-100-soba/ywq6w61。

(四) 其他领域合作

中黑两国在金融领域的合作正逐渐展开。2018 年 7 月，中国国家开发银行与黑山投资发展基金签署相关合作协议，向黑山投资发展基金提供 3 年期 1900 万欧元贷款，用于支持该基金业务发展。该协议的签署，标志着国开行在黑山首笔国际合作业务正式落地。

生态环境合作成为中黑合作新动力。2017 年 9 月，北京市环境保护局局长方力和黑山自然与生态环境保护机构负责人尼古拉·梅代尼察（Nikola Medenica）签署了双边合作与谅解备忘录，主要内容是双方在可持续发展、污染检测与防控、环境法规执行等方面建立磋商机制，进行考察和互访。[1] 2018 年 9 月，生态环境部部长李干杰赴黑山出席中国—中东欧国家环保合作部长级会议，会议上通过了《关于中国—中东欧国家环境保护合作的框架文件》，并启动了中国—中东欧国家环保合作机制。[2]

三 科教文卫领域交流日益密切

2013 年以来，中黑两国以各种形式开展了丰富多彩的文化艺术交流活动，两国在文学、艺术、电影、戏剧、建筑等创意产业领域以及校际交流、学术机构交流等方面具有明显

---

[1] https://m.cdm.me/drustvo/medenica-saradnja-s-kinezima-za-zastitu-zivotne-sredine/.

[2] 《中国—中东欧国家建立"16+1"环保合作机制》，2018 年 9 月 21 日，新华网，http://www.xinhuanet.com/world/2018-09/21/c_1123465183.htm。

的合作潜力。

（一）文化交流如火如荼

2013年5月，黑山文化部长米丘诺维奇（Mićunović）来华出席"中国—中东欧国家文化合作论坛"。2016年4月，文化部副部长董伟访问黑山，两国文化部签署了《2017—2020年度文化合作执行计划》，并一致强调了互建文化和新闻中心的重要性。中黑两国在文化领域的合作频繁开展，形式多样、内容丰富。中国的艺术团体、文化机构多次赴黑山表演或展示中国艺术文化。

（二）科技与教育交流顺利开展

2011年5月，黑山科学部部长萨妮娅·弗拉霍维奇（Sanja Vlahović）会见了时任科技部副部长曹健林，双方签订了中国和黑山政府间科技合作协定。2018年11月，时任科技部副部长、国家外国专家局局长张建国赴黑山出席中黑政府间科技合作委员会第三届例会。

2018年7月，中国社会科学院副院长蔡昉赴黑山出席"一带一路"倡议和中国—中东欧国家合作国际学术研讨会。2019年9月，中国科学院院长白春礼率团访问了黑山，中国科学院同黑山科学与艺术院签署了两院科技合作协议。

两国还在积极筹备教育协议。中黑两国政府正在积极商签《中华人民共和国教育部与黑山教育部关于相互承认高等教育学历学位的协议》及《中华人民共和国教育部与黑山教育部2019—2022年教育合作协议》。①

(三) 医疗卫生交流密切

2017年1月，中国向黑山捐赠了救护车和医疗设备。这次捐助对黑山的卫生系统产生了多重积极影响，有助于提高黑山医疗效率、改善护理水平。② 2019年3月11日，刘晋大使会见黑山卫生部部长凯南·赫拉波维奇（Kenan Hrapović），双方表示加强医疗卫生领域的合作，推进医疗人员互访，探索远程医疗合作项目。③

(四) 体育合作正在起步

2016年8月，中国青年水球队参加在波德戈里察举行的第三届世界青年水球锦标赛。2018年12月14日，刘晋大使会见黑山体育部部长尼古拉·亚诺维奇（Nikola Janović），就两国在体育和青年领域的交流与合作交换看法。中国国家水球队主教练目前由黑山教练担任。④

---

① 《驻黑山大使刘晋出席下戈里察大学中国学专业推介会》，2019年5月30日，外交部网站，https://www.fmprc.gov.cn/web/wjdt_674879/zwbd_674895/t1668071.shtml。
② 黑山政府官网，http://www.gov.me/en/search/168565/Handover-of-12-ambulances-donated-by-China-to-Montenegro.html。
③ 黑山政府官网，http://www.poreskauprava.gov.me/pretraga/197084/Dobra-saradnja-u-oblasti-zdravstva-izmedu-Crne-Gore-i-NR-Kine.html。
④ 参见中国驻黑山大使馆网站"使馆活动"，http://me.chineseembassy.org/chn/sghd/。

北马其顿

自 2012 年中国—中东欧国家合作框架启动以来，北马其顿[①]一直较为积极地参与两国的政治、经贸、文化合作，两国关系平稳发展。

一　高层互访与平台搭建

自 2012 年以来，北马其顿作为中东欧国家的一员，积极参与中国—中东欧国家合作。除参与历届领导人会晤之外，该国政府还积极地拓宽与中国的合作面。2014 年 12 月，北马其顿和匈牙利、塞尔维亚一起与中国签署了促进通关合作的框架协议，此后，以上四国举行了多次协调促进海关通关便利化的工作组会议及相关研讨会。2015 年 1 月，中国、匈牙利、塞尔维亚、北马其顿、希腊五国海关促进中欧陆海快线建设通关便利化合作机制正式建立，为两国在经贸方面的交流与合作提供了平台。

---

① 2019 年 2 月 12 日，马其顿政府宣布正式更改国名为"北马其顿共和国"。

北马其顿在"加盟入约"过程中,为了吸引更多外资,拉动经济增长,促进国内改革以全面达到入盟标准,已经将部分注意力转向中国,积极寻求各方面的合作潜力。[①] 总理扎埃夫在率团参加中国—中东欧国家领导人会晤期间,多次表示积极支持中国—中东欧国家合作倡议,以及加强与中国的经济合作的愿望,尤其是农业、能源和基础设施领域合作。2019 年 9 月,总统彭达罗夫斯基在接受中国新任驻北马其顿大使张佐递交国书时也表示高度重视发展与中国的关系。2019 年 10 月,在北京举行的香山论坛上,北马其顿国防部副部长贝基姆·马克苏提(Bekim Maksuti)也率团参加,并且在接受媒体专访时肯定了中国在维和方面做出的贡献。[②]

除此之外,2017 年 9 月由我国文化部与浙江省政府主办的第三届中国—中东欧国家文化合作部长论坛在杭州召开,中北马双方签署了有关备忘录。为协调和促进各国的文化交流合作,中国—中东欧国家文化合作协调中心于 2018 年 3 月在北马其顿首都斯科普里成立。在 2019 年杜布罗夫尼克领导人会晤期间,扎埃夫强调了该中心的重要作用,并希望首先通过启动网络平台,促进各国文化机构之间的信息交流。2019 年 11 月,该协调中心与北马其顿文化部共同举办了"第四届中国—中东欧国家文化合作论坛"。

---

① 目前,北马其顿已在加入北约的进程中取得重要进展,美国参议院于 2019 年 10 月投票表决同意其加入北约。2020 年 3 月 27 日,北马其顿正式成为北约第三十个成员国。

② 马克苏提在论坛期间表示:"中国在维和方面的努力和政策是一个很好的证明,那就是并非所有大国都会滥用其地位。中国为维护世界和平做出的贡献十分值得尊敬。"

二 经贸投资合作稳步发展

2012年以来，中国与北马其顿的贸易总量呈现平稳增长的趋势，根据中国商务部的统计数据，2018年两国贸易额突破1.5亿美元，2019年两国贸易进出口总额为2.8亿美元，同比增长86.7%。两国贸易主要以中国向北马其顿出口基础设施、通信设备、棉织物、铁或非合金钢类产品为主。对于北马其顿来说，中国是其第七大贸易伙伴，该国与德国、英国、希腊、塞尔维亚、意大利、保加利亚等欧洲邻近国家的贸易互动更加频繁[①]。

为了鼓励经贸合作发展，创造有利的商业条件，两国于1995年签署了《贸易与经济合作协定》。此后，两国缔结了多种类型的商业合作协议，其中包括学校建设、医疗基础设施、校车采购等方面的投资。在地方层面，北马其顿经济商会与中国国际贸易促进委员会宁波分会、四川分会，四川省工商业联合会等签署了经济合作协议。2018年7月，在保加利亚举行的第八届中国—中东欧国家经贸论坛期间，北马其顿的30家公司出席了论坛，其中有7家公司与中国公司签署了合作协议，拓展了合作机会。

从目前来看，基础设施建设是双方经济合作的主要方式。2019年7月6日，由中国水利水电建设股份有限公司承建的北马其顿米拉蒂诺维奇（Milutinovic）至斯蒂普（Stip）的高

---

① 北马其顿国家统计局，www.stat.gov.mk/pdf/2019/7.1.19.13_mk.pdf。

速公路项目正式通车。该项目是 2012 年以来中国面向中东欧国家 100 亿美元专项贷款项下的第一批落地项目，也是迄今为止中国与北马其顿最大的合作项目。这段高速公路长达 47.1 公里，它的完成有效改善了北马其顿的交通条件，进一步打通了地区运输网络，为当地民众带来了诸多便利和好处。该项目的另一段在建公路，即由基切沃（Kicevo）至奥赫里德（Ohrid）的高速公路隧道段也于 2019 年 3 月顺利竣工。这两条公路的建设为中国与北马其顿在基础设施以及其他方面的经济合作奠定了坚实基础。

此外，双方在农业合作方面也取得了新的进展。在 2019 年 4 月的克罗地亚杜布罗夫尼克会晤期间，北马其顿与中国签署了《农业合作行动计划（2020—2022）》，成为中东欧地区第一个与中国签署此类协议的国家。该行动计划预计会加强两国在农业领域的双边合作，具体包括农产品贸易、农村发展与经济合作、农业科学与信息技术交流、食品安全、兽医服务以及渔业领域等。扎埃夫政府希望通过合作能够提高国内的农业产量，提升农业水平，增加北马其顿向中国的农产品出口。

三 文化、教育与科研交流增强

政治经济交流伴随着文化的互相吸引，近年来两国的人文交流相较以往也更加频繁。2017 年 4 月，中国—中东欧舞蹈文化联盟年会在北马其顿举行。同年 8 月，首届中国—中东欧国家青年音乐家交流营也在该国举办。2018 年 3 月，中国

—中东欧国家文化合作协调中心的成立，使两国的人文交流迈向了新的阶段。比较突出的是，2018年10月，中国社会科学院和北马其顿外交部、北马其顿科学与艺术院、中国—中东欧国家合作秘书处、中国国际问题研究基金会在斯科普里联合举办了第五次中国—中东欧国家高级别智库研讨会。北马其顿总理扎埃夫以及外交部国务秘书、中国—中东欧国家合作北马其顿协调员维克托·迪莫夫斯基（Viktor Dimovski）等出席了会议。这次会议围绕"如何深化中国—中东欧国家合作"等问题展开了讨论交流。中国社会科学院和北马其顿科学与艺术学院在开幕式上还签署了合作协议。2019年9月，中国科学院院长白春礼率团访问了北马其顿，与科学与艺术学院签署了科技合作协议。根据协议，双方将利用人员交流、共同举办会议、共同组织科研项目等形式加强双边合作。同月，中国驻北马其顿使馆与该国库马诺沃（Kumanovo）市政府和北中友协联合举办了"我眼中的中国"图片展，从侧面展现了两国民众的交流图景，使更多的北马其顿民众增进了对中国的了解。

波　　兰

波兰是中国—中东欧国家合作框架下最具影响力的中东欧大国，一直在中国—中东欧国家合作中扮演着重要的角色。波兰承办了中国—中东欧国家领导人首次会晤。多年来中波双方政治和经贸往来愈加频繁，人文交流合作成果丰富。

一　波兰参与中国—中东欧国家合作

2012年4月，第一次中国—中东欧国家领导人会晤在波兰华沙举行，17国共同发表《中国与中东欧国家领导人会晤新闻公报》，由此开启了中国—中东欧国家合作的新篇章。不难看出，波兰在参与之初对于中国—中东欧国家合作（当时称作"16+1合作"）抱有很高的期望。自合作开展以来，两国的政治互访也十分频繁，2012年温家宝总理访问波兰、2015年波兰总统安杰伊·杜达（Andrzej Duda）访问中国、2016年习近平主席访问波兰。除此之外，部长级别的访问和其他官员访问也都十分频繁。自2012年以来，中波双边的政治、经贸、社会和文化交流逐渐密切，2016年，中波正式提升双边关系为全面战略伙伴关系。

除此之外，波兰在中国—中东欧国家合作框架下承接了多种专业性协调机制并主办、参与各项活动。例如波兰是中国—中东欧国家联合商会执行机构所在国，波兰也承接了中国—中东欧国家投资促进机构联系机制。2016年12月，中波签署《关于成立中国—中东欧国家海运合作秘书处谅解备忘录》，2017年，中国—中东欧国家海运事务秘书处在波兰华沙设立。[①] 2017年10月，波兰举办第二届中国—中东欧国家交通部长会议。同时，波兰也积极参加相关活动，如中国国际中小企业博览会、中国国际进口博览会、中国广交会等。

二 中波务实合作关系

中国—中东欧国家合作对于中国同中东欧国家间发展经贸往来无疑起到了十分重要的作用。2012年之前，包括波兰在内的中东欧国家产品的知名度并不高，中国市场上也少见中东欧国家的商品，而合作机制开展以来，贸易、投资等多方面的务实合作不断发展。

首先，双边贸易额逐年增加。随着中波双边贸易关系的不断推进，贸易深度和广度不断拓展。2012—2019年，中国与波兰双边贸易额呈递增态势，据中国商务部统计数据，2019年，中国与波兰双边进出口贸易总额为278.1亿美元，

---

① http://www.chinaembassy.hu/chn/sgxxxyl/sgxwxyl/t1515458.html.

同比增长 13.4%。出口额为 238.7 亿美元，同比增长 14.3%，进口额为 39.4 亿美元，同比增长 8.1%。2019 年比 2012 年（143.8 亿美元）进出口贸易总额增长 134.3 亿美元，增长率为 93.4%。①

其次，中波投资合作项目取得阶段性成果，经贸合作项目不断增多。2012 年，中国电建旗下的中国水利水电第十三工程局有限公司（以下简称水电十三局）承接了弗罗茨瓦夫防洪工程中规模最大的标段，2016 年正式圆满交工；2012 年"苏满欧"快铁通车；2013 年蓉欧快铁通车，中欧班列极大推进中波两国、甚至中欧之间的货运往来；2016 年，广西柳工以 1.7 亿兹罗提（约 3.35 亿人民币）收购了中东欧最大的工程机械制造商、全球六家拥有完整推土机生产线制造商之一的波兰 HSW 公司下属工程机械事业部（DivisionI）及其旗下全资子公司锐斯塔（Dressta）的 100% 股权；2018 年，TCL 在波兰设立欧洲研发中心，将波兰作为拓展其欧洲业务的中心；2019 年，中国平高集团有限公司承接波兰科杰尼采变电站扩建及改造项目；2019 年，中国电建市政公司承接波兰 S14 罗兹西部绕城快速路设计与施工项目，该项目是中国企业 10 年来首次在波兰获签的公路建设项目。

除此之外，波兰知名大型公司陆续入驻中国市场，比如全球最大矿业机械及渔业链条制造商华星集团（FASING）与上海沃熙矿山设备有限公司进行合作；波兰矿山设备柯派斯柯公司（KOPEX）与西安煤矿机械有限公司签约合作；罗兹

---

① 中国商务部欧洲司网站，http://ozs.mofcom.gov.cn/artide/zojmgx/date。

HASTRANS 物流公司与北京紫光顺风投资有限公司签订合作备忘录；上海 BZK 国际贸易有限公司与宁波北大荒物流集团签订合作备忘录；等等。

三 中波人文交流进入活跃期

中国—中东欧国家合作的启动对于中国同波兰双边关系的发展无疑起到了重要的促进作用，人文交流的表现形式多样且丰富，尤其是在教育、友城、旅游、智库方面。

教育方面。从数量上看，中国高校开设波兰语专业数量出现明显增长。2012 年之前，中国只有两家高校开设波兰语专业，平均每年毕业生不超过 20 人。如表 12 所示，中国—中东欧国家合作成立以来的短短七年，中国开设波兰语专业的高校数量迅速增长至 18 家（其中，肇庆学院未在教育部备案本科专业，以波兰语学习班的形式进行培训）。从合作内容看，中波教育合作向更广、更深层次发展。高校间合作已经不仅仅局限于语言文化方面，更向理工、航天、建筑、海洋等诸多方面延伸。从合作形式上看，中波双方的合作形式已经不再局限于互派留学生，而是开始签订合作备忘录或协议、进行联合培养、共建孔子学院和学校、共同举办国际会议等。截至 2019 年 6 月，中国高校与波兰高校合作共建孔子学院 5 所、孔子课堂 2 所。孔子学院的设立为波兰人理解中国文化提供了良好平台。

表 12　中国开设波兰语专业的高校及开设时间（截至 2019 年）

高校名称	开设时间
北京外国语大学	1954 年
哈尔滨师范大学	2009 年
肇庆学院（波兰语学习班）	2013 年
广东外语外贸大学	2014 年
北京第二外国语学院	2016 年
上海外国语大学	2017 年
天津外国语大学	2017 年
西安外国语大学	2017 年
四川外国语大学成都学院	2017 年
四川大学	2017 年
大连外国语大学	2018 年
长春大学	2018 年
吉林外国语大学	2019 年
四川外国语大学	2019 年
北京体育大学	2019 年
吉林华侨外国语学院	2019 年
浙江越秀外国语学院	2019 年
浙江外国语学院	2019 年

资料来源：中国教育部高等教育司官网[1]

友城合作。友好城市结对是中波合作中的另一个亮点，推动了地方合作的发展，并为人文交流活动和经贸往来搭建了平台。截至 2019 年 5 月 31 日，中国和波兰共结好 37 对友城（包含省级和市级），在中东欧国家排名第二，仅次于匈牙

---

[1] 中国教育部网站，http://www.moe.gov.cn/s78/A08/。

利。中波友城发展虽然有历史积淀,但是中国—中东欧国家合作平台是促成友城合作的一大动力。

表13　中国波兰友好城市(省、市)一览表(1949—2019年)

中方城市	外方城市	结好时间
上海市	滨海省	1985年7月4日
深圳市	波兹南市	1993年7月30日
天津市	罗兹市	1994年10月11日
黑龙江省	瓦尔米亚-马祖尔省	1995年4月4日
安徽省	下西里西亚省	1997年6月8日
广东省	西滨海省	1998年3月6日
江苏省	小波兰省	2000年11月16日
宁波市	比得哥什市	2005年10月11日
海南省	卢布斯卡省	2006年2月24日
海口市	格丁尼亚市	2006年4月24日
沈阳市	卡托维兹市	2006年7月14日
福州市	科沙林市	2007年5月19日
九江市	莱基奥诺沃市	2008年8月30日
河南省	卢布林省	2008年9月11日
焦作市	卢布林市	2010年4月29日
黄冈市	皮亚塞赤诺市	2010年6月18日
淮安市	普沃茨克市	2010年7月8日
桂林市	托伦市	2010年8月29日
常州市	耶莱尼亚古拉市	2011年4月27日
湖北省	库亚瓦滨海省	2011年6月7日
福建省	奥波莱省	2012年9月9日
佛山市	斯达洛加勒德市	2014年6月10日
广州市	罗兹市	2014年8月20日
广西壮族自治区	喀尔巴阡山省	2015年6月18日

续表

中方城市	外方城市	结好时间
无锡市	绿山市	2015年6月23日
成都市	罗兹市	2015年6月29日
银川市	琴斯托霍瓦市	2015年7月18日
山东省	马佐夫舍省	2015年9月14日
四川省	罗兹省	2016年4月29日
苏州市	新松奇市	2016年6月14日
河北省	马佐夫舍省	2016年6月17日
凯里市	卡尔图济市	2016年6月21日
潍坊市	奥尔什丁市	2016年11月18日
珠海市	格丁尼亚市	2017年5月17日
长宁区	索伯特市	2017年6月12日
防城港市	热舒夫市	2017年7月13日
崇左市	比亚韦斯托克市	2018年12月18日

资料来源：中国国际友好城市联合会官方网站[①]

旅游合作方面。波兰拥有瑰丽迷人的自然风景和丰厚的文化底蕴，旅游资源丰富，旅游业具有一定的潜力和竞争力。2004年，波兰加入了对中国公民旅游目的地计划（ADS），向中国游客打开市场，但当时囿于波兰知名度和中国国民旅游状况，波兰旅游并没有走入大众视野。随着2012年中国—中东欧国家合作平台设立和2013年"一带一路"倡议的提出，中东欧国家的旅游业逐渐为中国人所知。如表14所示，从2017年开始中国赴波兰的游客数量开始大幅增长，2017年中国赴波兰旅游的游客人数达145678人次，同比增长73.3%，

[①] 中国国际友好城市联合会官方网站，http://www.cifca.org.cn/Web/index.aspx。

是 2014 年的 3 倍；中国赴波兰过夜天数达 240798 天，是 2014 年的近三倍。波兰旅游局抓住契机，大力在中国推广波兰旅游，2019 年波兰旅游局与腾讯视频合作推出一档青春探险真人秀节目《横冲直撞 20 岁》，大大提升了波兰南部的塔特拉山和扎科帕内在中国的知名度。

表 14　　中国（含台湾地区）赴波兰旅游人数统计表
（2014 年—2019 年）

年份	旅游人数（人次）	过夜天数（天数）
2014	48198	88401
2015	60525	108427
2016	84085	142294
2017	145678	211195
2018	145678	240798
2019	142417	135512

资料来源：波兰国家统计局。

智库交流方面。智库交流是中国—中东欧国家合作下中波人文交流中的重要组成部分，中波智库之间通过共同召开研讨会、学者交流、合作研究、联合出版等方式，不仅为人文交流提供理论基础，还为中波学者、精英阶层之间的相互理解提供契机。2015 年，"中国—中东欧国家智库交流与合作网络"（以下简称"17＋1 智库网络"）落地北京，推动了双方智库的互联互通。波兰主流智库或教学研究机构中，有 4 家是"17＋1 智库网络"的网络成员，同时其中大多数机构与"17＋1 智库网络"保持着合作关系。此外，中国高校及学术机构的波兰研究中心、相关区域研究中心也逐渐增多起来。截至2018年，中国成立的波兰研究中心近10家，还有部分直接以"欧洲研究中心"挂名（未计入统计），拓展中东欧及波兰的国别和区域研究。[①]

[①] 主要有北京外国语大学波兰研究中心（2011年）、西安外国语大学波兰与中东欧研究中心（2016年）、四川大学波兰与中东欧问题研究中心（2016年）、浙江大学宁波理工学院波兰研究中心（2017年）等。

罗马尼亚

2012年4月中国—中东欧国家合作框架正式启动以来，中国与罗马尼亚的合作总体平稳。2013年11月，第二次中国—中东欧国家领导人会晤于布加勒斯特召开，两国在能源、基础设施建设等领域签订了多个项目谅解备忘录和意向书。

一 高层互访推动双边关系发展

自2012年以来，中罗两国高层互访为推动双边关系发展起到重要作用。2015年9月，习近平主席出席联合国成立70周年系列峰会期间会见罗马尼亚总统约翰尼斯（Klaus Iohannis）。2013年11月，国务院总理李克强出席中国—中东欧国家领导人布加勒斯特会晤并访罗。2014年12月，李克强总理在出席中国—中东欧国家领导人贝尔格莱德会晤期间会见罗马尼亚总理维克托·蓬塔（Victor Ponta）。2016年11月，李克强总理在出席中国—中东欧国家领导人里加会晤期间会见罗马尼亚总理乔洛什（Dacian Cioloş）。2018年7月和2019年4月，李克强总理分别在出席中国—中东欧国家领导人索非亚会晤、杜布罗夫尼克会晤期间会见罗马尼亚总理登奇勒（Viorica Dăncilă）。

罗马尼亚总理蓬塔于2013年6月和2014年8月两次访华。罗马尼亚参议院副议长杜米特雷斯库（Cristian Sorin Dumitrescu）于2013年10月，副总理兼经贸部长博尔克（Costin Borc）于2015年11月，副总理兼环境部长加夫里列斯库（Graţiela – Leocadia Gavrilescu）于2017年5月，都曾访问中国。

在双边高层互访的推动下，两国签署了一系列合作文件。2013年11月，中国与罗马尼亚政府发表了《关于新形势下深化双边合作的联合声明》，进一步推进两国全面友好合作伙伴关系。2014年，中国与罗马尼亚签订了和平利用核能的合作文件。2015年，中罗签署部门间《关于推进共建丝绸之路经济带的谅解备忘录》。2016年10月，中国—中东欧能源项目对话与合作中心在罗马尼亚布加勒斯特成立。2018年，中国国家发展改革委与罗马尼亚交通部签订了关于开展交通和基础设施合作的谅解备忘录。2019年，两国商务部签订了关于设立贸易畅通工作组的谅解备忘录，该小组是中国与欧洲国家建立的首个工作组。同年9月，第一次贸易畅通工作组会议成功召开。2019年国家开发银行与罗马尼亚进出口银行签署了1亿欧元金融合作协议。

二　中国与罗马尼亚务实合作

（一）经贸合作

自2012年以来，中国与罗马尼亚之间的贸易关系得到了较快发展，进出口都有明显增长。双方贸易不平衡趋势与2012年之前相比得到了明显改善。根据罗马尼亚2019年数据显示，中国是罗马尼亚第七大贸易伙伴，欧盟之外第二大贸易伙伴（位于土耳其之后）[①]。

表16 中国与罗马尼亚贸易额（2011—2019年，单位：万美元）

年份	2011	2012	2013	2014	2015	2016	2017	2018	2019
中国向罗马尼亚出口总额	345378	279718	282254	322318	316224	344872	377796	450711	457462.5
出口增长率		-19.0%	0.90%	14.2%	-1.9%	9.1%	9.5%	19.3%	1.5%
中国向罗马尼亚进口总额	94625	97957	120750	152067	129495	145522	182432	216785	232560.2
进口增长率		3.5%	23.3%	25.9%	14.8%	12.4%	25.4%	18.8%	7.3%

资料来源：根据国家统计局和中国海关数据整理[②]。

从表16中可以看出，从2013年开始，中国从罗马尼亚进口总额有了明显提升。中国对罗马尼亚的出口则是从2014年开始出现显著增长。与2011年相比，2019年中国向罗马尼亚出口总额增长了32%，进口总额增长达到145.8%。中国对罗马尼亚主要出口的商品为机电产品、核反应堆和锅炉、音响设备、光学设备、家电、计算机、通信设备、服装等，自罗马尼亚进口主要商品为机电产品和音响设备、核反应堆和锅炉、光学设备、车辆及零件、非针织服装及衣着附件、电气

---

① 商务部网站，http://ro.mofcom.gov.cn/article/ztdy/202002/20200202936606.shtml。
② 2011—2018年数据来源于国家统计局，2019年数据来源于中国海关。国家统计局和中国海关数据参见http://www.stats.gov.cn/。

设备、车辆配件、机械产品等。

（二）投资合作

中国与中东欧国家在能源领域和基础设施建设领域的合作前景广阔。罗马尼亚是中国—中东欧国家能源项目对话与合作中心的所在国。2017年11月，中国—中东欧国家能源合作论坛和博览会在罗马尼亚布加勒斯特举行，会议通过《中国—中东欧能源领域合作对话白皮书》和《关于开展中国—中东欧能源合作联合研究的部长声明》。在能源合作方面，由于罗马尼亚提前实现了可再生能源在用电结构中达到24%的目标，自2013年起，罗马尼亚开始减少对风能、太阳能等可再生能源的开发利用的支持，[①] 因此中国在罗马尼亚火电、天然气等多个能源领域的重大项目成为重点推进方向。在交通基础设施合作方面，罗马尼亚的交通基础设施在欧盟内相对落后，已成为制约罗马尼亚经济快速发展的重要因素之一。2015年，罗马尼亚出台了交通总体规划，计划在公路、铁路、水运和航空领域投资400余亿欧元。[②]。

中国在罗马尼亚清洁能源领域投资项目取得一定成绩。2014年12月，新疆金风科技[③]位于罗马尼亚Mireasa项目的20台2.5MW风机顺利接入罗马尼亚当地电网，这标志着中东欧

[①] 《罗可再生能源支持政策收缩》，2016年9月8日，中国驻罗马尼亚大使馆经济商务处网站，http://ro.mofcom.gov.cn/article/jmdy/201609/20160901387601.shtml。

[②] 2020年7月31日，中国电力建设集团在罗马尼亚西北部扎勒乌市签约绕城路建设项目。这是中国公司通过公开竞标在罗承建的首个公路设计施工项目。

[③] 新疆金风科技是全球领先的风电设备研发、制造企业以及风电整体解决方案提供商，拥有自主知识产权的直驱永磁技术，该公司是最早走出国门的中国风电设备企业之一。

市场首批中国制造风力发电机组在罗马尼亚成功并网运行。该项目位于罗马尼亚康斯坦察境内黑海与多瑙河之间的 Mireasa 区域，距离首都布加勒斯特 170 公里左右，是罗马尼亚经济最发达地区之一，风能资源储量丰富。金风科技结合当地特定的风资源和气候环境特点，针对该项目提供专项开发的 2.5MW 直驱永磁机组。此外，中国节能旗下的新时代控股（集团）公司在罗马尼亚投资的风电项目占地面积有 165 公顷，总装机容量达到 31.5MW。

中国与罗马尼亚在农业领域合作有序推进。2014 年 10 月，第九届中国—中东欧国家农业经贸合作论坛在布加勒斯特举行，16 个中东欧国家的政府代表团和企业家代表参加会议。该论坛主要议题包括粮食安全、气候变化和实现农村可持续发展等。2019 年 5 月，首个中国—罗马尼亚农业科技园在布加勒斯特落成。该农业科技园由中国农业科学院农业环境与可持续发展研究所和布加勒斯特农业科学与兽医学大学合作共建。该科技园通过技术合作和示范，推动中国成熟农业技术在罗马尼亚和其他中东欧国家的转移转化，提升这些国家在农业方面的创新能力与产业化水平，实现双方共赢。

此外，2019 年，中国银行罗马尼亚分行隆重开业，也标志着中国在罗马尼亚的投资合作项目取得重要进展。

自 2012 年以来，中国对罗马尼亚的对外投资存量基本呈上升趋势，尤其是 2015 年以后[1]。目前，在罗中资企业有 20 余家，雇佣当地员工 2000 多人，在罗注册投资超过 4.06 亿美

---

[1] 参见中国驻罗马尼亚大使馆经济商务处网站，http：//www.fdi.gov.cn/CorpSvc/Temp/T3/Product.aspx？idInfo＝10000499&idCorp＝1800000121&iproject＝33&record＝12938。

元，为罗马尼亚经济社会发展做出了贡献。其中，仅华为公司一家就直接雇佣当地员工 1700 多人，直接或间接创造工作岗位 5000 多个[①]。

表 17　　　　中国对罗马尼亚直接投资存量
（2011—2018 年，单位：万美元）

年份	2011	2012	2013	2014	2015	2016	2017	2018
直接投资存量	12583	16109	14513	19137	36480	39150	31007	30462
增长率		28.0%	-9.9%	31.9%	90.6%	7.3%	-20.8%	-1.8%

资料来源：中华人民共和国商务部、国家统计局、国家外汇管理局：《中国对外直接投资统计公报 2019》，中国统计出版社 2019 年版。

三　中国与罗马尼亚人文交流

中国与罗马尼亚两国传统友谊源远流长，民间友好基础较为牢固。在中国—中东欧国家合作框架下，双方人文交流频繁。

罗马尼亚的汉语教学开展得有声有色。目前罗马尼亚有 4 所孔子学院，分别设在布加勒斯特、布拉索夫、克卢日—纳波卡和锡比乌，1 个独立孔子课堂和 10 个孔子课堂，以及 130 多个汉语教学点。2016 年 6 月，经罗马尼亚教育部批准，汉语被列入中小学最新外语语言课程名单，正式进入罗马尼亚国民教育体系。2019 年 9 月，罗马尼亚著名汉学家、翻译家、

---

① 《姜瑜大使走访部分在罗中资企业》，2019 年 6 月 29 日，中国驻罗马尼亚大使馆经济商务处网站，http://ro.mofcom.gov.cn/article/gzdt/201906/20190602877138.shtml。

布加勒斯特大学孔子学院外方院长白罗米（Luminiţa Bălan）荣获"中国政府友谊奖"。

2019年，为庆祝中罗建交70周年，双方都举办了重要的文化活动，进一步增进双方民间层面的相互理解。特兰西瓦尼亚电影节是中东欧地区重要的国际电影节之一，2019年6月举行的第18届电影节上特别设置了"聚焦中国"环节，包括中国电影展映、中罗电影人圆桌会议、中国电影大师班、中国电影原声音乐会、中罗电影海报展等。8月，第26届北京国际图书博览会上，罗马尼亚成为主宾国，主题为"罗马尼亚——一书之遥"，有20多家出版、文化单位以及罗马尼亚知名作家、文化人代表参展。开幕式上举办了第13届"中华图书特殊贡献奖"，授予15位来自国外的作家、翻译家和出版家，其中包括来自罗马尼亚的翻译家罗阳（Ioan Budura）。

近年来，罗马尼亚语言文化在中国的传播也得到长足发展。2015年，罗马尼亚在北京设立了罗马尼亚文化中心，在中罗文化交流领域扮演了重要角色。目前，北京外国语大学、北京第二外国语大学、河北经贸大学、天津外国语大学和西安外国语大学均开设了罗马尼亚语专业，为两国友好交流储备了语言人才。

两国在旅游领域的交流合作有很大提升潜力。罗马尼亚的旅游资源丰富，两国传统友谊深厚，对中国游客具有较大吸引力。然而，中罗旅游往来与中国同罗马尼亚周边国家相比仍有较大差距，尚有较大发展空间。2018年，中国出境旅游达到1.48亿人次，而每年赴罗马尼亚旅游的中国游客近些年来呈现出快速增长的趋势。自2014年2月起，罗马尼亚对持申根签证的外国公民提供签证便利，持有两次或多次入境有效申根国家 C 类签证、D 类签证或申根国家居留许可的外国（包括中国）公民可免签入境罗马尼亚。罗马尼亚公民赴中国享受 72 小时机场免签过境，以及自上海、北京和辽宁口岸入境 144 小时过境免签。

塞尔维亚

中国和塞尔维亚是友好国家，近几年随着中国与中东欧合作的不断推进，高层互访频繁，两国关系迅速升温。中塞双方围绕"一带一路"建设在基建、能源、经贸合作、旅游、人文交流等领域取得可喜的成绩。随着2017年年初中塞全面免签协定正式生效，塞尔维亚成为首个对华实质性全面免签的欧洲国家，赴塞中国游客成倍增长。两国教育、文化、卫生、旅游、青年、地方等各领域合作蓬勃开展，为双边关系向更深层次发展打下坚实的民意基础。

一 高层交往推动中国—中东欧国家合作

2014年12月，在塞尔维亚首都贝尔格莱德举办了第三届中国—中东欧国家领导人会晤，李克强总理出席会晤并对塞尔维亚进行正式访问。访问期间，李克强总理会见塞尔维亚总统尼科利奇（Tomislav Nikolić），同武契奇（Aleksandar Vučić）总理举行会谈并共同出席贝尔格莱德跨多瑙河大桥竣工仪式，与塞尔维亚各界代表人士交流互动。

2016年6月，习近平主席对塞尔维亚进行国事访问，两国元首在贝尔格莱德共同签署《中华人民共和国和塞尔维亚共和国关于建立全面战略伙伴关系的联合声明》，这是时隔32年中国国家元首再次访塞，开启了两国友好关系的新篇章。

2017年3月，塞尔维亚总统尼科利奇来华进行国事访问，习近平主席出席授予尼科利奇"北京市荣誉市民"称号仪式。5月，习近平主席会见来华出席第一届"一带一路"国际合作高峰论坛的塞尔维亚总理、侯任总统武契奇，双方就深化共建"一带一路"达成多项共识。9月，习近平主席与来华参加天津夏季达沃斯论坛的塞尔维亚总统武契奇举行双边会见，并在北京签署多个基础设施领域合作协议。2019年4月，武契奇总统出席在北京举行的第二届"一带一路"国际合作高峰论坛并与习近平主席举行双边会见。11月，习近平主席在上海会见参加第二届中国国际进口博览会的塞尔维亚总理布尔纳比奇，习近平主席表示中方愿同塞方不断深化政治互信和传统友谊，携手共建"一带一路"，推动中塞全面战略伙伴关系再上新台阶。此外，塞尔维亚总统尼科利奇于2015年9月来华出席中国人民抗日战争暨世界反法西斯战争胜利70周年纪念活动，塞尔维亚总理武契奇于2015年11月对中国进行正式访问并出席第四次中国—中东欧国家领导人会晤。

塞尔维亚坚定支持并积极参与"一带一路"建设，是首批与中国签署《关于共同推进"一带一路"建设的谅解备忘录》的中东欧国家。2012年11月，中塞签署《中塞政府经济技术合作协定》；2017年1月，农业部部长韩长赋访塞，双方签署了《中塞农业和环境保护部关于农业合作的谅解备忘录》和《关于制定农业经贸投资行动计划的备忘录》；2017年3月，国家邮政局副局长赵晓光访问塞尔维亚期间，在贝尔格莱德与塞尔维亚副总理兼贸易旅游和电信部长利亚伊奇（Rasim Ljajić）共同签署了《中国国家邮政局与塞尔维亚贸易旅游和电信部关于加强邮政和快递领域合作的谅解备忘录》；2017年4月，中国国家质量监督检验检疫总局与塞尔维亚相关部门签署《检验检疫合作协议》和《关于加强标准合作，助推"一带一路"建设联合倡议》；2018年5月，两国签署了《中国与塞尔维亚国防部双边军事合作规划》，旨在发展和完善双方军事合作。

二 经贸投资合作成果显著

自中国—中东欧国家合作实施以来，中塞贸易额大幅增加。2011年，中塞贸易总额4.8亿美元，其中中国对塞出口额为4亿美元，中国对塞进口额为0.8亿美元；2019年中塞贸易总额为13.9亿美元，其中中国对塞出口额为10.3亿美元，中国对塞进口额为3.6亿美元。以2011年数据为基础，八年间中国对塞进出口总额增加了约9亿美元，增长了1.93倍；出口额增加了约6.4亿美元，增长了1.60倍；进口额增加了约2.8亿美元，增长了3.57倍，无论进出口总额、出口额及进口额都有大幅增长。具体数据如表18所示。

表 18　　　　　　　　中塞进出口贸易额变化　　　　（单位：万美元）

年度	进出口额	进出口额比去年同期 ±%	出口额	出口额比去年同期 ±%	进口额	进口额比去年同期 ±%
2011	47512	18.7	39631	14.9	7881	43.0
2012	51450	8.5	41288	4.2	10162	30.5
2013	61218	19.1	43191	4.6	18027	77.9
2014	53708	−17.5	42456	−1.7	11252	−48.7
2015	54899	2.2	41509	−2.2	13390	18.8
2016	59393	8.2	43127	3.9	16266	21.6
2017	75717	27.3	54567	26.2	21151	30
2018	95267	25.8	72817	33.5	22450	6.1
2019	139216	46.2	103198	41.7	36018	60.9

资料来源：中国商务部网站①。

中国与塞尔维亚的投资项目合作在中东欧地区创造了多个"第一"，具体包括：

1. E763 高速公路项目

2013 年 12 月 24 日，由山东高速集团承建的塞尔维亚 E763 高速公路项目于贝尔格莱德开工建设，这是我国对中东欧融资贷款协议框架内第一个落地的基础设施项目，也是塞尔维亚首条由中国企业建设的高速公路项目。塞尔维亚 E763 高速公路项目是泛欧 11 号高速公路走廊的一部分，全长约 50.9 千米，合同额约 3.34 亿美元。该项目建成后，将大大缩短塞尔维亚首都贝尔格莱德与相邻国家及出海口的出行时间。

---

① 中国商务部商务数据处理中心，http://data.mofcom.gov.cn/。

2019年8月18日，E763高速公路奥布雷诺瓦茨—利格段顺利通车。武契奇总统盛赞中塞建设者的卓越贡献，表示修建E763高速公路是塞尔维亚人民74年的梦想，这将对提高沿线居民生活水平，促进沿线地区和整个塞尔维亚经济发展发挥重大作用。

2. 泽蒙大桥工程项目

泽蒙—博尔察大桥（Zemun–Borca Bridge），位于塞尔维亚贝尔格莱德市泽蒙区，跨越多瑙河，连接贝尔格莱德市区和郊区。该桥是中国在欧洲建造的第一座桥梁，全长1.5千米，2014年12月18日建成通车，被当地人亲切地称为"中国桥"。

3. 匈塞铁路项目（塞尔维亚段）

匈塞铁路连接匈牙利首都布达佩斯与塞尔维亚首都贝尔格莱德，全长350公里，该项目完工后，布达佩斯和贝尔格莱德两地之间的旅程将从目前的8小时缩短至3小时以内。塞尔维亚贝尔格莱德至旧帕佐瓦段是匈塞铁路项目首个开工路段，是我国在欧洲参与建设的第一个高速铁路项目。武契奇总统表示，用于匈塞铁路建设的所有设备均符合欧洲标准，塞尔维亚有望在2022年年底完成匈塞铁路塞尔维亚段的建设，匈塞铁路整体通车后，将实现塞尔维亚与欧洲中心地带的高效连接。[1]

4. 河钢集团购并斯梅代雷沃钢厂项目

2016年4月，河北钢铁集团收购斯梅代雷沃钢厂，并成立河钢塞尔维亚有限公司（河钢塞钢），5000多名面临失业的

---

[1]《首发塞尔维亚中欧班列抵达贝尔格莱德 将加速匈塞铁路建设》，2019年10月25日，https://baijiahao.baidu.com/s?id=1648326383003813838&wfr=spider&for=pc。

员工迎来希望，重返车间。并购当年，连续多年亏损的斯梅代雷沃钢厂首次出现盈利。2017年河钢塞钢实现利润2亿多元，产值达到塞尔维亚全年GDP的1.8%左右。2018年河钢塞尔维亚公司经营情况不断转好，全年出口7.5亿欧元，同比增长39.6%，首次成为塞尔维亚第一大出口企业。

5. 其他投资合作项目

在中国与塞尔维亚经贸合作持续推进的基础上，2018—2019年中塞投资合作再上新台阶。在2018年夏季达沃斯论坛上，塞尔维亚与中国签署了价值30亿美元的协议。具体包括：中国紫金矿业集团股份有限公司出资14.6亿美元收购博尔地区采矿与冶炼联合企业RTB Bor集团；山东玲珑轮胎股份有限公司投资9亿美元用于在兹雷尼亚宁市建造轮胎生产工厂；山东玲珑轮胎股份有限公司将与其商业合作伙伴共同投资1亿美元用于在兹雷尼亚宁市建造锌加工厂；中国水利水电集团（Sinohydro）与塞尔维亚就普瑞立那（Preljina）—波热加（Pozega）段高速公路及奥斯特努兹尼查（Ostruznica）—布巴涅波特克（Bubanj Potok）段贝尔格莱德绕城公路项目签订优惠信贷协定；塞尔维亚生产公共汽车的伊卡布斯公司（Ikarbus）将与中国公司建立合作伙伴关系，并进行价值260万美元的交易。上述项目目前绝大部分已经落地。

中国公司将在贝尔格莱德建造两个工业园区：一个是河钢塞尔维亚公司，将在斯梅代雷沃建设工业园区；另一个是由中国路桥工程有限责任公司在贝尔格莱德的博尔察自治区建设的工业园区。

2019年4月，中塞双方在第二届"一带一路"国际合作高峰论坛上签署多个基础设施领域合作协议。其中包括：塞副总理兼建设、交通和基础设施部部长米哈伊洛维奇（Zorana Mihajlović）同中国电建签署建设贝尔格莱德绕城公路 C 段项目合作谅解备忘录以及实施建设贝尔格莱德地铁项目合作谅解备忘录；同中国路桥签署翻修贝尔格莱德—尼什—普雷舍沃段铁路项目协议；同中国商务部签署关于成立塞中投资合作工作组谅解备忘录。塞副总理兼贸易、旅游和电信部部长利亚伊奇（Rasim Ljajić）同华为签署关于建设"智慧城市"合作谅解备忘录。

2019 年 10 月，在第四届中国—中东欧国家创新合作大会，中塞之间签署了 12 项合作协议；主要包括塞尔维亚与浙江省关于创新领域合作的谅解备忘录；塞尔维亚与中国网龙网络（Net Dragon Websoft）关于开放式创新平台合作的备忘录；塞尔维亚国际政治经济研究所与中国科学技术发展战略研究院、中国科学技术发展战略研究院与诺维萨德大学、塞尔维亚科学艺术学院技术科学研究所和山东省科学院激光研究所之间也都签署了科研合作谅解备忘录等多项协议。

2019 年 5 月 7 日，浙江省贸促会和塞尔维亚工商会在贝尔格莱德联合举办 2019 中国浙江—塞尔维亚经贸对接洽谈会。塞尔维亚经济部国务秘书斯泰瓦诺维奇（Dragan Stevanović）、塞尔维亚工商会顾问米莱蒂奇（Miroslav Miletić）、浙江省贸促会会长陈宗尧、中国驻塞尔维亚大使馆经商参赞汤晓东及中塞两国工商界代表 150 余人参会 58 家浙江企业参会，主要涉及机械设备、电子电气、五金建材、综合及服务贸易等行业。

2019年11月6日，塞尔维亚总理布尔纳比奇访问浙江。在参观阿里巴巴集团后，布尔纳比奇表示，为满足当前越来越多赴塞中国游客的需求，塞尔维亚希望能在未来几个月内引进阿里支付，塞尔维亚贸易旅游电信部正连同一家塞尔维亚商业银行与阿里集团进行谈判，预计很快谈判就将结束，塞尔维亚政府将尽力为阿里支付在塞尔维亚应用推广创造条件。

三　人文交流进展明显

（一）中塞签署多个人文交流协议

1957年6月，中国与南斯拉夫签署政府间文化合作协定，并与塞尔维亚继续沿用该协定。在该协定基础上，中塞签署了九个文化合作年度执行计划。目前正在执行的是第九个文化合作年度计划。2008年9月18日，中国驻塞尔维亚大使魏敬华代表中国文化部与塞尔维亚文化部长内博伊沙·布拉迪奇（Nebojša Bradić）在贝尔格莱德共同签署《中华人民共和国文化部和塞尔维亚共和国文化部2008—2012年文化合作执行计划》。该计划内容涵盖互办文化节、文学、艺术、出版、图书、博物馆、考古、档案、广播、电视、电影等多个领域的交流与合作项目。2010年7月，中塞两国政府代表正式签署了《中华人民共和国政府和塞尔维亚共和国政府关于互设文化中心的谅解备忘录》，备忘录的签署标志着两国文化关系即将进入一个新的发展时期。

（二）民间组织互动频繁，促进人文交流走向繁荣

除官方外，两国的文化艺术机构、国际艺术节、高等院校、汉学家以及地方政府等也开展了广泛联络，举办了丰富多彩文化交流活动。中国文化与旅游部主办的"欢乐春节"活动现已成为深受塞尔维亚民众喜爱的传统项目。2016年6月和2017年5月，塞尔维亚先后主办了首届中国—中东欧国家合作文化创意产业论坛和首届中国—中东欧国家合作文化遗产论坛。

除双边外，中塞两国在中国—中东欧国家合作框架下也开展了积极合作。2012—2018年，塞尔维亚积极派员参加了中方组织的中东欧国家国际艺术节总监系列访华考察活动、美术家及作曲家采风创作活动、中国—中东欧国家合作艺术合作论坛、中国—中东欧国家合作舞蹈夏令营、中国—中东欧国家合作文化创意产业论坛、中国—中东欧国家合作文学论坛、中国—中东欧国家合作非物质遗产保护专家级论坛、中国—中东欧国家合作图书馆馆长联盟论坛等活动。2017年，塞方共派出5支艺术团组来华参加中国—中东欧国家合作文化季，涉及音乐、儿童剧等。上述活动为增进中塞双边文化交流与合作发挥了积极作用。

（三）语言文化学习成为中塞交往的第三座桥

自2012年塞尔维亚国家教育部与中国国家汉办签署"塞尔维亚中小学开设汉语课试点"计划以来，汉语正式进入塞尔维亚中小学课堂。从首批的14位对外汉语教师到2018年的

30位对外汉语教师，每年赴塞开展汉语教学的对外汉语教师人数都呈递增的趋势。从2012年到2018年，一共有180余名对外汉语教师分布在塞尔维亚的10个地区开展教学。约翰·奈斯比特大学于2012年设立了中国中心，致力于通过汉语教学和形式多样的学术文化活动增进中塞两国学术、文化以及政经领域交流合作。

2006年8月27日，巴尔干地区首座孔子学院——贝尔格莱德孔子学院揭牌。2014年5月27日，诺维萨德大学孔子学院正式揭牌，由中国的浙江农林大学与塞尔维亚诺维萨德大学哲学院合作建立，特色是茶文化。目前，累计有3000多人在诺维萨德的孔子学院参加了汉语学习。如今，中文已成为诺维萨德大学的学分课程。诺大孔子学院已经在塞尔维亚全境开设了16个教学点，覆盖各年龄阶段，教学的内容涵盖汉语语言、中国文化、中国历史、中国民间艺术等各个领域。此外，北京外国语大学和北京第二外国语学院、上海外国语大学、广东外语外贸大学等很多学校都先后开设了塞尔维亚语专业，为促进中塞人文交流奠定了语言基础。

（四）中塞互免签证为中塞文化交流创造了新契机

2017年1月15日，两国互免签证正式生效，塞尔维亚成为中东欧地区第一个、欧洲第二个与中国实现全面互免签证的国家。中国公民持有效中国普通护照到塞尔维亚旅游、经商或探亲，可以免签停留不超过30天。据了解，在实行互免签证之前，到塞尔维亚旅游的中国游客数量每年最多不到1.7万人，实行免签后的第一年就猛增到3.5万人。据塞尔维亚方面发布的数据，2019年，塞尔维亚入境中国游客近14.5万人次，[①] 三年时间增长了约4倍之多，给塞尔维亚的旅游业带来强劲的发展动力，中塞两国免签政策是赴塞中国游客数量激增的主要原因之一。

---

① 塞尔维亚政治报网站，www.politika.rs/sr/clanak/447665/Kinezi – i – Bosanci – najbrojniji – turisti – u – Srbiji。

斯洛伐克

中斯两国传统友谊深厚，双方加强合作的政治意愿较强。在中国—中东欧国家合作的推动下，中斯两国在政治、经济和人文等领域的交流与合作呈扩大和深化之势。

一 中斯政治关系发展顺利

2012—2017年，时任斯洛伐克总理的罗伯特·菲佐（Robert Fico）先后多次参加中国—中东欧国家领导人会晤，努力促使斯洛伐克吸引越来越多的中国投资和游客，并扩大对华出口。2017年4月，斯洛伐克政府批准了《2017—2020年斯洛伐克和中国经济关系发展构想》，旨在加强与中国在投资、营商、贸易、交通、旅游、研究和创新等领域的合作。2018年7月，李克强总理在出席第七次中国—中东欧国家领导人会晤期间同斯洛伐克总理彼得·佩列格里尼（Peter Pellegrini）举行会谈。双方希望在相互尊重彼此核心利益和重大关切基础上深化政治互信和加强各领域交流与合作，特别是推进互联互通、金融和双边贸易投资便利化等方面的合作。[①]2019年4月，两国总理在参加第八次中国—中东欧国家领导人会晤期间再次举行双边会见。双方愿以两国建交70周年为契机，进一步加强双边关系，密切在多边领域的沟通协调。

二 务实合作持续扩大

（一）经贸和投资合作力度加大

根据中方统计，2012年中斯双边贸易额为60.08亿美元，2019年达到88.89亿美元，8年来增长了48%[②]。斯洛伐克是中国在中东欧地区第四大贸易伙伴国，中国是斯洛伐克排名第十二位出口目的国和第十位进口来源国。斯洛伐克主要向中国出口运输设备、机电产品、家具和玩具等，主要从中国进口机电产品、贱金属及制品和运输设备等。[③] 近年来，斯洛伐克电脑安全软件公司 ESET 开发的杀毒软件 NOD32、导航公司 Sygic 制造的汽车导航系统、电子游戏公司 Pixel Federation 研发的游戏产品以及航空模拟驾驶等高科技产品进入中国市场并占据一席之地。[④] 2019年4月斯洛伐克牛奶及乳制品获得对华出口许可，丰富了两国贸易结构。

[①] 《李克强会见斯洛伐克总理佩莱格里尼》，2018年7月7日，中国政府网，http://www.gov.cn/premier/2018-07/07/content_5304287.htm。

[②] 中国商务部欧洲司统计数据，http://ozs.mofcom.gov.cn/article/zojmgx/date/202003/20200302941074.shtml。

[③] 中国商务部：《国别贸易报告/斯洛伐克共和国》，2019年第3期，https://countryreport.mofcom.gov.cn/record/view110209.asp?news_id=66240。

[④] 驻斯洛伐克大使林琳在《欧洲时报》中东欧版发表署名文章《愿中斯传统友好合作代代相传》，https://www.fmprc.gov.cn/web/dszlsjt_673036/t1708418.shtml。

据中国商务部统计，截至2019年1月，中国对斯洛伐克直接投资8384万美元，斯洛伐克对华直接投资9378万美元，中国企业在斯洛伐克累计完成工程承包营业额2264万美元。[①] 两国在通讯、研发、机械、汽车、农业、新能源和物流等领域的投资合作取得进展。2017年中国国新国际投资有限公司成功收购斯洛伐克第二大物流园，成立国新国际斯洛伐克物流有限公司，这是近年来中国在斯洛伐克最大的投资项目。国新国际投资有限公司还在斯洛伐克尼特拉市投资建设了汽车配件产业园，为捷豹路虎提供物流服务。2018年，中远海运集运（中欧）有限公司在斯洛伐克首都布拉迪斯拉发设立分公司，促进了中斯、中欧互联互通和经贸合作。

（二）互联互通进一步加强

近年来，多个直达和过境斯洛伐克的中欧班列开通。2015年8月，从辽宁省营口港至斯洛伐克东部口岸多布拉的中国首条直达斯洛伐克的中欧班列开通，该次班列装载了50个集装箱，主要是液晶显示器等电子产品[②]。2017年6月，从湖南省长沙市开出的中欧班列经乌克兰驶入斯洛伐克，在多布拉进行换轨后继续开往布达佩斯。2017年11月，从大连港发出的中欧班列直达布拉迪斯拉发，共装载41个集装箱，主要是电子产品、机械配件和轻工业产品。货物在布拉迪斯拉发多瑙河港站卸下后，陆续中转分拨到匈牙利、德国、意大

[①] 中国外交部网站，https://www.fmprc.gov.cn/web/gjhdq_676201/gj_676203/oz_678770/1206_679714/sbgx_679718/。

[②] 《营口港直达斯洛伐克·多布拉中欧国际班列正式运行》，http://ln.ifeng.com/city/yingkou/detail_2015_08/07/4202555_0.shtml。

利、西班牙等欧洲国家，比传统海运节省一半的时间①。2019年10月，由西安出发的中欧班列抵达斯洛伐克多瑙斯卡斯特雷达市物流中转站。这列火车共装载了44个集装箱，有电视机、汽车配件、服装、家具和圣诞用品等货物，途经哈萨克斯坦、俄罗斯和乌克兰。另外，海铁联运新通道，即往返于希腊比雷埃夫斯港口和斯洛文尼亚科佩尔港口与布拉迪斯拉发之间的货运列车已基本实现常态化运行。②

2019年11月，斯洛伐克交通运输和建设部部长阿尔帕德·埃塞克（Árpád Érsek）与中国交通运输部部长李小鹏签署了运输和物流领域的谅解备忘录，以提升两国之间的货物运输和物流。双方就建立联合工作组、共同参加国际展览和博览会、相互交流关于发展多式联运的信息达成共识。③

（三）科技创新合作成为重要增长点

斯洛伐克积极推动中国—中东欧国家创新合作。2015年9月，在斯洛伐克首都布拉迪斯拉发召开了第二届中国—中东欧国家创新技术合作和国际技术转移研讨会。2016年11月，中国—中东欧国家虚拟技术转移中心在布拉迪斯拉发揭牌。根据《中国—中东欧国家合作杜布罗夫尼克纲要》，各方同意共同探讨由斯洛伐克牵头并与感兴趣的相关方设立中国—中

---

① 王继福：《大连港直达斯洛伐克中欧班列抵达布拉迪斯拉发》，2017年11月15日，中国一带一路网，https：//www.yidaiyilu.gov.cn/xwzx/dfdt/34747.htm。

② 于绪治：《中斯友谊70载务实合作谱新篇》，2019年9月27日，中国商务新闻网，http://epaper.comnews.cn/xpaper/appnews/173/2242/11432-1.shtml。

③ SITA, "Érsek v číne vybavuje zvýšenie dopravy tovarov vlakmi cez Slovensko", https://spravy.pravda.sk/ekonomika/clanok/531582-ersek-v-cine-vybavuje-zvysenie-dopravy-tovarov-vlakmi-cez-slovensko/。

东欧国家区块链中心,另外,上海延锋汽车内饰公司在斯洛伐克设立科技研发中心,青岛软控在斯洛伐克建立了欧洲研发中心。

三 人文交流异彩纷呈

在文化领域,两国文化部定期签署多年度文化合作计划,不仅拓展了文化合作空间,而且为两国文化机构和艺术家交流互鉴提供了平台。在2014年和2019年,两国共同举办了系列文化活动庆祝中斯建交65周年和70周年。从2016年起,"欢乐春节"文化活动连续5年向斯洛伐克民众介绍中华传统文化。斯洛伐克著名汉学家黑山(Marina Čarnogurská)翻译并出版了一系列中国古典文学和哲学名著。

在教育领域,两国近年常规性互换留学生和语言教师。斯洛伐克学生对汉语和中国文化的兴趣渐增,有将近一半的斯洛伐克公立大学开设了中文课程。2007年布拉迪斯拉发孔子学院在斯洛伐克技术大学正式揭牌。2015年考门斯基大学成立了斯洛伐克第二所孔子学院。2019年,马杰伊贝尔大学成立了斯洛伐克第三所孔子学院。2016年9月,在斯洛伐克班斯卡·比斯特里察市米库拉什·科瓦奇中学开设了五年制斯中双语实验班。另外,在斯洛伐克农业大学还开设了孔子课堂。

在科技领域,2017年两国签署的《中华人民共和国科学技术部与斯洛伐克教育科研体育部关于联合资助中斯科研合作项目的谅解备忘录》,2013年、2015年和2018年,先后召开了中斯政府间科技合作委员会第六次、第七次和第八次例会，旨在协调科技创新合作，加强科研人员交流，落实联合研发项目，推动在优势领域共建联合研究中心或实验室等。在 2018 年 9 月召开的第八届例会上，通过了首批 3 个双边政府间联合研发项目及 13 个人员交流项目，涉及农业与食品技术、生物医药、环境保护、材料科学、信息通信技术等领域。①

在医疗卫生领域，2009 年在斯洛伐克成立了第一家中医药治疗中心，多家获得官方认证的针灸培训中心在斯洛伐克成立。2016 年 9 月，斯洛伐克医科大学与中国辽宁中医药大学合作创办了在斯洛伐克的首个中医孔子课堂，进一步促进了传统中医文化在斯洛伐克的发展。

在旅游领域，2019 年 10 月中斯两国签署了《中华人民共和国文化和旅游部与斯洛伐克共和国交通运输和建设部关于旅游合作的备忘录》。近年来，前往斯洛伐克的中国游客数量不断增多。2015 年，有 2.8 万中国游客访问斯洛伐克，2016 年增长至 4.1 万。② 2018 年，访问斯洛伐克的中国游客数量达到 6.7 万，中国成为斯洛伐克第七大境外游客来源地。③

在地方合作领域，双方有 5 对省（州）、市建立了友好

---

① 《中国—斯洛伐克政府间科技合作委员会第八届例会在北京举行》，2018 年 10 月 11 日，科技部网站，http：//www.most.gov.cn/kjbgz/201810/t20181011_142058.htm。

② TASR, "Čína pritom patrí medzi najrýchlejšie sa rozvíjajúce trhy zahraničného aktívneho aj pasívneho cestovného ruchu na svete", 21. mája 2017, https：//www.teraz.sk/ekonomika/pocet - turistov - z - ciny - narasta - vlani/260968 - clanok.html。

③ SITA, "Slovensko podpísalo s čínou memorandum o turizme", https：//ekonomika.pravda.sk/ludia/clanok/530429 - slovensko - podpisalo - s - cinou - memorandum - o - turizme/。

关系，分别是上海市与布拉迪斯拉发州、长春市与日利纳市、福鼎市与特尔纳瓦市、北京市通州区和斯皮什新村市、沧州市与尼特拉市。①

---

① 中国外交部网站，https：//www.fmprc.gov.cn/web/gjhdq_676201/gj_676203/oz_678770/1206_679714/sbgx_679718/。

斯洛文尼亚

在中国—中东欧国家合作的框架内，中斯关系进入了新的发展的阶段。两国在政治、经济与社会人文等多个领域的合作都取得了的成果。

一　中斯政治交往日趋频繁

从2012年华沙会晤开始，中国与斯洛文尼亚两国总理共同出席了历届中国—中东欧国家领导人会晤。在会晤中，双方多次对中斯友谊与合作的快速发展表示肯定，也就两国未来合作的方向与重点领域进行了探讨。

近年来，中斯两国进行了多次高层互访。全国政协副主席王家瑞、国务院副总理张高丽、中央政法委书记孟建柱、全国政协副主席杨传堂与国务委员兼外交部部长王毅等先后访斯。2017年和2019年，斯洛文尼亚政府两次派遣以经济发展和技术部部长波契瓦尔舍克（Zdravko Počivalšek）为首的代表团来华参加"一带一路"国际合作高峰论坛。此外，斯洛文尼亚副总理兼农林食品部部长日丹（Dejan Židan）、副总理兼教科体部部长皮卡洛（Jernej Pikalo）等政要也多次访华[①]。

在中国—中东欧国家合作中，斯洛文尼亚也在发挥着越来越重要的作用。斯洛文尼亚不仅成为中国—中东欧国家林业合作协调机制的牵头国，还先后举办了第一次中国—中东欧国家林业合作高级别会议、第二届中国—中东欧国家旅游合作高级别会议与第二届中国—中东欧国家农业部长经贸合作论坛等多场重要活动。根据《杜布罗夫尼克纲要》，斯洛文尼亚将举办第五届中国—中东欧国家文化创意产业论坛[②]。显然，相比中国—中东欧国家合作建立之前，中斯两国在双边与多边层面的政治交流与合作都更加充分。

二 双边经贸合作不断加强

根据斯洛文尼亚统计局的数据，2018年中斯两国的贸易总额达到15.54亿美元，比2012年增长了60.5%。斯洛文尼亚进口额为11.94亿美元，比2012年增长了50.4%，斯洛文尼亚出口额为3.60亿美元，比2012年增长了107.0%。2019年两国贸易总额继续保持上升势头，达到15.98亿美元[③]。2019年度，斯洛文尼亚从中国进口的主要产品为电动

[①] 中国外交部网站，https://www.fmprc.gov.cn/web/gjhdq_676201/gj_676203/oz_678770/1206_679738/sbgx_679742/。

[②] 《中国—中东欧国家合作杜布罗夫尼克纲要（全文）》，2019年4月13日，新华网，http://www.xinhuanet.com/world/2019-04/13/c_1124363331.htm。

[③] 斯洛文尼亚统计局，https://pxweb.stat.si/SiStatDb/pxweb/en/20_Ekonomsko/20_Ekonomsko_24_zunanja_trgovina_01_Izvoz_in_uvoz_blaga_01_Osnovne_tabele/2490004s.px/table/tableViewLayout2/。

机械设备（27%）、化工产品（14%）和核电器械装备（16%）；主要的出口产品为电动机械、电动产品与零部件（25%），核电器械装备（17%），汽车零部件与非铁轨交通工具（13%），木材与木制品（7%），精密仪器与零配件（6%）以及钢铁（4%）[1]。中斯两国政府一直致力于推动双方的经贸合作。中国邀请斯洛文尼亚政府与相关企业来华参加中国国际进口博览会。2018 年与 2019 年，斯洛文尼亚经济发展和技术部部长波契瓦尔舍克两次率团参加中国国际进口博览会（进博会）并就相关合作设想与中国企业进行交流。在第一届进博会闭幕后，斯洛文尼亚前总统图尔克（Danilo Türk）盛赞进博会的成功及其展现的国际合作美好愿景[2]。

2013 年 4 月，中国恒天集团与国际合作方联合收购了斯洛文尼亚塔姆（Tam）客车公司。中国在斯洛文尼亚投资的首家生产型企业正式开业。2016 年 11 月，中宇通航旅游集团有限公司与斯洛文尼亚蝙蝠飞机制造厂就引进轻型飞机并合资在华建厂达成协议，在第五次中国—中东欧国家领导人会晤期间正式签约[3]。2018 年 4 月，蝙蝠飞机制造项目在江苏句容举行了奠基仪式。作为世界一流的轻型类飞机设计和制造商，蝙蝠飞机制造厂以建立航空工业园的方式进入中国

---

[1] Sloexport，https：//www.izvoznookno.si/drzave/kitajska/poslovno-sodelovanje-s-slovenijo/，last accessed on April 7th，2020.

[2] ［斯洛文尼亚］图尔克：《进博会，打开世界对未来的想象》，《人民日报》2018 年 11 月 14 日。

[3] 《综述："一带一路"引领中国与斯洛文尼亚两国合作走向繁荣》，2017 年 4 月 13 日，新华网，http：//www.xinhuanet.com/2017-04/13/c_1120805238.htm。

市场对于两国在航空交通培训、飞行休闲度假、航展经济等多个领域的合作都有着很大推动作用①。2018年6月，中国海信集团作为战略投资者收购了斯洛文尼亚家电制造商戈兰尼亚公司95.42%的股份。戈兰尼亚公司既是斯洛文尼亚最大的家电制造企业，也是欧洲八大家电制造商之一，在欧洲市场的占有率达到4%。无论是在科技水平、设计能力，还是专业技能和商业实践上，戈兰尼亚公司都与海信的战略需求完美匹配②。对于戈兰尼亚来说，与中国企业合作也代表了开拓海外市场与探索商业新机遇的双赢模式。

三　人文交流成果丰硕

在中国—中东欧国家合作的框架下，斯洛文尼亚举办了多种多样的人文交流活动。2014年9月，第二届中国—中东欧国家高级别智库研讨会在斯洛文尼亚举行。来自中国与中东欧国家的政府官员、专家学者与各界代表就双方合作进行了深入的交流。2019年9月，第六届中国—中东欧国家高级别智库研讨会再次在斯洛文尼亚举行。各国政要、学者、官员围绕中国—中东欧国家合作与中欧关系、中国—中东欧国家合作的创新与可持续、中国—中东欧国家合作前景等问题进行了探讨。

2015年9月，斯洛文尼亚举办第二届中国—中东欧国家

---

① 中国驻斯洛文尼亚使馆官网，http://si.china-embassy.org/chn/xwdt/t1549988.htm。
② [斯洛文尼亚] 图尔克：《进博会，打开世界对未来的想象》，《人民日报》2018年11月14日。

旅游合作高级别会议。会上，中国与中东欧16国共同签署了《中国与中东欧国家旅游合作积极参与"一带一路"倡议意向书》并就深化发展旅游关系进行了讨论。

2018年，前往斯洛文尼亚旅游的中国旅客数量达到8.7万，在非欧洲国家中位列第三。而在2012年，这一数据仅为1.1万[1]。中斯两国一直在积极推动旅游领域的合作。2017年5月，两国签署了加强旅游合作的备忘录。2018年9月，第一届卢布尔雅那市龙文化旅游节正式开幕。借助龙图腾在中国与卢市的共同美好寓意，此次活动意在加强中斯的文化交流与旅游合作[2]。

在文化教育领域，孔子学院与孔子课堂是促进两国人文交流重要平台。2010年5月，上海对外经贸大学与卢布尔雅那大学合作创立了斯洛文尼亚第一所孔子学院。在此基础上设立了4家孔子课堂，招收的学员面向从幼儿到成人的汉语学习者。该学院及其下设的孔子课堂不仅开设了完备的汉语与中国文化课程，也为赴中国留学或培训的斯洛文尼亚师生提供多种形式的帮助。而作为少数的商务孔子学院之一，该学院积极助力中斯高校开展交流与合作[3]。在卢布尔雅那大学孔子学院的助力下，山东农业大学与卢布尔雅那大学和马里博尔大学签署了推进高等教育与科研合作的备忘录。

在科技领域，中斯两国的交流与合作也不断增多。斯洛

---

[1] 斯洛文尼亚统计局网站，https：//pxweb.stat.si/SiStat? ma=2164524S&ti=&path=../Database/Ekonomsko/21_gostinstvo_turizem/01_nastanitev/02_21645_nastanitev_letno/&lang=2.

[2] 《首届卢布尔雅那市龙文化旅游节开幕》，2018年9月10日，人民网，http：//travel.people.com.cn/n1/2018/0910/c41570-30282280.html.

[3] 汉办官网，http：//www.hanban.org/article/2019-06/03/content_775603.htm。

文尼亚是第一个与中国正式签署两国民航双边技术协定的欧盟成员国。2016年4月，中斯两国签署了《民航当局谅解备忘录》以及一系列技术合作文件。2018年4月，由中国科学院、斯洛文尼亚卢布尔雅那大学与中科曙光合作共建的中斯高性能计算联合实验室正式成立。2019年1月，中国科学院向斯洛文尼亚科学与艺术学院赠送玑衡抚辰仪艺术复制品。玑衡抚辰仪是出生在卢布尔雅那的传教士刘松龄（Augustin Ferdinand von Hallerstein）在中国制造的古代天文瑰宝[1]。此次赠送既代表了中斯两国的传统友谊，也寓意双方的科技合作将继续取得辉煌的成绩。

---

[1] 刘松龄（1703－1774年），斯洛文尼亚人。1721年在奥地利教区加入耶稣会。1736年被派往中国传教。1739年获准来到北京，进入清朝钦天监工作。1743年补授钦天监监副。1746年补授钦天监监正，成为第八任西洋人监正，直至去世。刘松龄精通历算，在钦天监进行了卓有成效的工作，主持制造天球仪、玑衡抚辰仪等天文测量仪器，修订《灵台仪象志》《仪象考成》等重要天文学典籍。详见http：//www.iqh.net.cn/info.asp？column_id＝6936。

附表

中国对中东欧部分投资或合作项目成果列表(截至 2019 年)

(投资或合作项目数据可能有变动,仅供参考)

国别	投资项目	涉及金额	项目描述
1. 波黑	图兹拉 7 号机组燃煤电站	7.22 亿欧元	图兹拉火电站是波黑战后最大的能源投资项目,2014 年 8 月 27 日,中国能源建设集团旗下中国葛洲坝集团股份有限公司与波黑电力公司在萨拉热窝签订了波黑图兹拉火电站 7 号机组建设项目合同。项目内容包括现有波黑图兹拉火电站厂区西侧设计、建造一座装机 45 万千瓦的热电联产火电机组的设计、采购和施工总承包。项目金额达 74.53 亿元人民币,总工期 56 个月
	斯塔纳里火电站	5.5 亿欧元	2016 年 9 月 20 日,波黑斯塔纳里火电站举行竣工仪式。项目业主为英国企业 EFT 集团、项目承建方中国东方电气集团有限公司。该项目总投资计 5.5 亿欧元,中国国家开发银行提供 3.5 亿欧元商业贷款。项目于 2013 年 5 月 18 日举行开工仪式,2016 年 1 月 4 日首次并网发电成功,开始试运行 斯塔纳里火电站是中波建交以来首个大型基础设施合作项目,该火电厂不仅按计划持续顺利生产,而且严格遵守欧盟各项环保标准。斯坦纳里火电厂是过去 30 年波黑能源领域最大投资,是首个使用"中国—中东欧国家合作"100 亿美元专项贷款的项目,也是竣工第一个的项目

续表

国别	投资项目	涉及金额	项目描述
1. 波黑	巴诺维奇火电站	5.1亿欧元	2015年11月24日，波黑巴诺维奇电站项目总承包合同和融资框架协议于中国—中东欧国家领导人会晤期间在苏州隆重签署。巴诺维奇火电站由中国东方电气集团投资承建，项目总价值4.5亿欧元，其中85%由中国的银行财团投资，剩余15%由波黑财团贷款
	乌洛格（ULOG）水电站	5000万欧元	2017年7月12日，中国国际水电集团与波黑塞族政府签署水电站建设合作备忘录。2019年10月24日，波黑优乐高水电站项目启动会召开，为项目顺利推进奠定了基础。波黑优乐高水电站是引水式电站，装机2台，装机容量34MW，已于2019年12月开工
	多博伊医院新院建设项目	1495万欧元	2018年11月，多博伊新医院建设的合同顺利签署，该项目由中国国际医药卫生有限公司负责承建
2. 塞尔维亚	泽蒙－博尔察大桥		2010年，由中国进出口银行提供优惠贷款，并最终决定由中国路桥工程有限责任公司实施建设泽蒙—博尔察大桥 泽蒙—博尔察大桥于2011年春季开始施工建设，于2014年12月18日举行通车仪式。李克强总理和时任塞尔维亚总理亚历山大·武契奇出席了剪彩仪式，并对大桥的建设给予了高度评价

续表

国别	投资项目	涉及金额	项目描述
2. 塞尔维亚	E763 高速公路		塞尔维亚 E763 高速公路是中国—中东欧国家合作框架下首个落地的基础设施项目，也是中国企业在欧洲承建的第一条高速公路。E763 高速公路全长约 300 公里，是塞尔维亚连接黑山出海口的重要通道，也是连接巴尔干地区与周边国家的运输大动脉 2019 年 8 月 18 日，塞尔维亚 E763 高速公路奥布雷诺瓦茨—利格段顺利通车。2019 年 12 月 18 日，E763 高速公路苏尔钦—奥布雷诺瓦茨段顺利通车
	尼什市中心医院医疗器械项目	1496 万欧元	2017 年 4 月 7 日，中国国际医药卫生公司和塞尔维亚卫生部签署塞尔维亚尼什市中心医院医疗器械项目商务合同 该项目内容为对塞尔维亚尼什市中心医院新建大楼提供配套医疗器械，由塞尔维亚卫生部自主招标，资金来源于塞尔维亚卫生部财政预算。2017 年 3 月 10 日，中国国际医药卫生公司中标该项目，中标金额为 1496 万欧元
	中国机械工程公司扩建塞尔维亚第二大煤矿 Kostolac 煤矿	1.23 亿美元	2017 年 1 月 23 日，中国机械工程公司正式启动价值 7.15 亿的煤电项目，将扩建塞尔维亚第二大煤矿 Kostolac 煤矿，并在煤矿附近一座发电厂新建 35 万千瓦的发电机组。该项目是塞尔维亚近 30 年来第一次扩大电力产能，也标志着巴尔干新兴起的投资煤炭发电厂热潮
	河钢收购斯梅代雷沃钢厂	4600 万欧元	2016 年 4 月 18 日，河北钢铁集团同塞尔维亚斯梅代雷沃钢厂签署收购协议，河钢出资 4600 万欧元收购斯钢 98% 资产，有望将其打造成为欧洲最有竞争力的钢铁企业 2016 年 7 月，河钢成功完成了对塞尔维亚钢铁有限公司的收购，7 月初管理团队进入塞钢全面接管。接管后的 5 个月扭转了斯梅代雷沃钢厂亏损的局面，月钢产量由 3 万吨提升到 15 万吨，12 月实现了当月盈利

续表

国别	投资项目	涉及金额	项目描述
2. 塞尔维亚	匈塞铁路项目塞尔维亚段		2015年12月23日,匈塞铁路项目塞尔维亚段启动仪式在塞尔维亚诺维萨德市成功举行。中国国务院总理李克强致信祝贺,表示启动仪式标志着中、塞、匈合作迈出新的重要步伐,也表明中国与中东欧国家务实合作站在了新的历史起点上。相信这不仅将有力推动地区基础设施建设和互联互通,改善当地人民生活,促进欧洲一体化进程,也有利于更好对接中欧发展战略 匈塞铁路从匈牙利首都布达佩斯至塞尔维亚首都贝尔格莱德,全长350公里,其中塞尔维亚境内184公里。该项目为电气化客货混线铁路,设计最高时速为每小时200公里,建设工期2年。建成通车后,两地之间的列车运行时间将从目前的8小时缩短至3小时以内。这一铁路项目由中国铁路总公司牵头组成的中国企业联合体承建
	中国与丹麦公司合资在塞尔维亚设立艾瑞斯特床垫厂	1500万美元	2012年7月4日,江苏恒康家居科技有限公司与丹麦Everrest APS公司合资成立塞尔维亚艾瑞斯特制品有限公司(Everest Productions D. o. o,以下简称EPD),主要生产记忆棉床垫和记忆棉枕等家居用品。注册资本为180万第纳尔(约合15646欧元)。其中,恒康家居占股90%,Everrest APS公司占股10% 2014年10月1日,EPD公司开始在塞鲁玛市建设记忆绵床垫和记忆棉枕生产厂,预计总投资1500万美元 按照EPD公司与塞尔维亚政府签署的备忘录,EPD公司承诺新工厂建成后,将招聘当地225名工人,而塞方将提供128.5万欧元就业补贴

续表

国别	投资项目	涉及金额	项目描述
2. 塞尔维亚	博尔察（Borca）工业园	2.2亿欧元	2018年9月18日，塞尔维亚政府与中国的路桥集团签署合作协议，将在贝尔格莱德郊区的博尔察（Borca）建造工业园。路桥建设集团将对该项工程投入2.2亿欧元；而将在园区置业的各家企业，其投资总额将达20亿欧元左右。工业园占地320公顷，预计吸引1000多家中国企业进驻，创造1万多个工作机会
	紫金矿业收购博尔铜矿	总额约14.6亿美元	中国紫金矿业集团中标塞尔维亚博尔铜矿项目，投资总额达14.6亿美元，并拥有63%的所有权。2019年1月1日紫金矿业正式接管博尔铜矿并将保留原公司5000个工作岗位
	中国敏实集团投资汽车零部件工厂	1亿欧元	2019年4月3日，中国汽车部件制造商敏实集团启动了在塞尔维亚西部城市洛兹尼察（Loznica）的新工厂建设工程。敏实集团计划在新的汽车部件工厂投资1亿欧元（1.125亿美元），预计将创造1000多个工作岗位。该工厂将生产铝制汽车部件
	玲珑轮胎投资建厂	9.94亿美元	2018年8月23日，玲珑轮胎与塞尔维亚政府签署合作备忘录，宣布将投资9.9亿美元建设年产能1362万条的高性能子午线轮胎生产工厂。2018年9月17日，双方签署投资框架协议。2018年11月，玲珑轮胎塞尔维亚子公司完成注册登记。2019年1月，玲珑轮胎收到国家发展和改革委通知，其塞尔维亚项目获得备案。工厂预计于2021年生产出首批轮胎，项目建成后，可年产乘用车轮胎1200万套、卡客车轮胎160万套、工程胎及农用子午胎2万套
	金诚信矿管理集团收购蒂莫科（Timok）金铜矿场	3300万欧元	2019年4月30日，中国金诚信矿管理集团和塞尔维亚共和国的矿产公司Rakita Exploration签署了一份价值高达3750万美元（约3350万欧元）的合同，该合同是关于塞尔维亚东部的蒂莫克（Timok）金铜矿场建造工程。该工程于2019年7月1日动工，预计于2021年7月完成

续表

国别	投资项目	涉及金额	项目描述
2. 塞尔维亚	中国银隆新能源汽车集团收购塞尔维亚巴士制造商 Ikarbus		2018年9月18日，中国银隆新能源汽车集团收购塞尔维亚 Ikarbus 公司，并将取得公司的合法所有权，成为最大股东。将在塞尔维亚制造电动巴士，并将产品销往东南欧市场
	浙江康意洁具公司	3500万美元	2017年4月，中国浙江康意洁具公司与塞尔维亚文化信息部签署合作备忘录，约定将在2017—2020年"建立一个雇佣500名塞尔维亚员工的公司，并在原有伊斯特拉（Istra）水龙头公司原址的基础上投资3500万美元建立用于生产五金和洁具的厂房"。新建设的工厂拥有从铸造到最后完工的一套完整的工艺流程。年产量预计在5000万美元左右，绝大部分产品将用于出口
	塞尔维亚汇合点G-拉科维察-雷斯尼克铁路修复改造项目	2866万美元	铁路线汇合点G-拉科维察—雷斯尼克段全长约7.5公里，项目总金额约2380万欧元，由欧洲复兴开发银行提供贷款，项目由中国土木工程集团承建。2017年3月30日，举行开工仪式，标志着中国公司使用欧盟资金在塞尔维亚实施的第一个铁路项目进入施工阶段
	潘切沃燃气电站	2亿欧元	2019年3月7日，塞尔维亚潘切沃燃气联合循环电站项目开工，预计2020年年底投入使用该项目机组总容量161兆瓦，为当地炼油厂提供蒸汽和部分工业用电，其他电能送入塞尔维亚电网，是塞尔维亚当前重点能源建设项目。本工程总承包方为上海电气，总体设计方为山东院，建设方为俄罗斯天然气工业公司和塞尔维亚油气集团
	科斯托拉茨电站	10.6亿美元	塞尔维亚科斯托拉茨电站是中国第一个进入欧洲的电力总承包项目，由中国机械设备工程股份有限公司承建的科斯托拉茨电站B厂项目总金额约10.6亿美元，分两期执行 2019年12月2日，塞尔维亚科斯托拉茨电站项目二期工程全部按合同约定工期完工并顺利移交业主进入质保期

续表

国别	投资项目	涉及金额	项目描述
2. 塞尔维亚	贝尔格莱德绕城公路项目	16.9亿人民币	2016年11月5日，在第五次中国—中东欧国家领导人会晤期间，电建国际公司在拉脱维亚首都里加签署塞尔维亚贝尔格莱德绕城公路项目 2018年10月13日，塞尔维亚贝尔格莱德绕城公路项目S4标段9号桥第一根桩基开钻，塞尔维亚贝尔格莱德绕城公路工程正式进入桥梁施工阶段。该工程建成后将连通欧洲10号和11号交通走廊，提高贝尔格莱德地区通行能力，不仅将降低贝尔格莱德市的交通压力，而且对实现波罗的海、亚得里亚海和地中海的互联互通具有重要、积极意义
3. 波兰	中国—中东欧投资合作基金地平线（Skyline）能源和格勒诺布尔（Grenoble）风电两个项目		2014年9月1日，中国—中东欧投资合作基金地平线（Skyline）能源和格勒诺布尔（Grenoble）风电两个项目在华沙签约。上述两个项目均涉及新能源领域，特别是格勒诺布尔风电项目，中国—中东欧投资合作基金拟受让波兰最大的独立风电项目开发商GEO新能源公司全资拥有的格勒诺布尔风电项目部分权益。中国—中东欧投资合作基金的运作方CEE Equity Partners公司和以色列新能源行业上市公司Enlight Renewable Energy Ltd组成合资公司，投资风电站
	中国LED生产企业入驻波兰Walbrzych经济特区	7800万兹罗提	2016年12月，波兰Walbrzych经济特区向19家企业签发经营许可，其中包括来自中国的鸿博清洁能源公司。鸿博将投资7800万兹罗提建设LED照明设备生产厂，提供100个就业岗位
	中国—中东欧投资合作基金注资波兰风力发电企业PEP公司项目		中国—中东欧投资合作基金将对波兰风力发电企业PEP公司（Polish Energy Partners）注资2.4亿兹罗提（约合8000万美元），以换取该公司16%的股份。同时，PEP公司将从其控股母公司（Kulczyk Holdings）购买能源资产。这是目前媒体上报道的中国—中东欧投资合作基金在波兰首个投资项目。整个交易分两步完成：首先，PEP公司将以每股33.03兹罗提的价格

续表

国别	投资项目	涉及金额	项目描述
3. 波兰			增发 1686 万股新股，用于从母公司购买资产；然后，中国—中东欧投资合作基金以相同的每股价格收购 PEP 公司 726.6 万股，总价为 2.4 亿兹罗提。同时，PEP 公司承诺自 2017 年开始以不低于 20% 的股息支付率派发股息。重组后公司计划于 2014—2016 年启动一个 380MW 的内陆风电项目和一个连接波兰与德国的年最高输送能力 50 亿立方米的天然气管道，2017—2022 年计划建设 500MW 的内陆风电项目和 600MW 的离岸风电项目以及其他波兰与德国间的油气管道项目
	海尔携手法格在波兰建电冰箱厂		海尔和法格（Fagor）在德国 IFA 展宣布了建立合资公司的合作协议，目标是建立本土化的生产基地。合资冰箱工厂将建在波兰的弗罗茨瓦夫，其中海尔占 51% 的股份，法格占 49%
	湖北三环集团并购波兰 KFLT 轴承公司		2013 年 5 月 20 日，湖北省三环集团公司控股的襄阳汽车轴承股份有限公司，与波兰工业发展局在华沙签署股份转让协议，收购波兰工业发展局持有的波兰 KFLT 轴承公司 89.15% 股份，成功并购了这家波兰最大的轴承制造企业 2019 年 KFLT 轴承公司运营良好，轴承产量 1100 万套，销售额约 2.5 亿兹罗提，在职员工人数约 1930 人
	柳工收购 HSW 公司工程机械事业部		2012 年 1 月 10 日，广西柳工机械股份有限公司与波兰 HSW 公司在波兰举行《有条件企业收购协议》签约仪式，柳工将正式收购 HSW 公司工程机械事业部。这是中国企业首次通过并购方式进入波兰市场，也是首个成功参与的波兰私有化项目

附表 中国对中东欧部分投资或合作项目成果列表（截至2019年） / 213

续表

国别	投资项目	涉及金额	项目描述
3. 波兰	中国平高集团有限公司承建的波兰科杰尼采变电站扩建及改造项目	2.52亿元人民币	2014年，平高集团与波兰国家电网公司签署了科杰尼采变电站扩建及改造项目，工程总金额约合2.52亿元人民币，工程历时4年完工 2018年11月，中国平高集团有限公司承建的波兰科杰尼采变电站扩建及改造项目在波兰东部城市科杰尼采举行竣工仪式，该项目是中国在欧盟国家完工的首个输变电工程总承包项目
	柳工收购波兰齿轮传动件（ZZN）工厂		2013年10月31日，柳工集团与位于波兰斯塔洛瓦沃拉市的ZZN传动件厂举行了收购签约仪式，这标志着柳工波兰向自主研发制造核心零部件又迈出了坚实的一步
	同方威视华沙公司投资科贝乌卡工厂		2018年9月25日，同方威视华沙有限公司在华沙郊区科贝乌卡市举行新工厂开业仪式。同方威视新工厂是中国高科技企业在波兰的首个绿地投资项目。新工厂投入使用后，同方威视将成为欧洲最大的专业安检设备生产基地
	波兰制造中心智能工厂改造及欧洲研发中心建设		2018年9月3日，TCL欧洲研发中心在华沙揭牌，主攻人工智能算法技术。TCL欧洲研发中心有四个具体的研究方向，包括计算机视觉、自然语义理解、终端的人工智能、大数据分析 TCL波兰工厂隶属于TCL集团旗下TCL电子控股有限公司的一个海外LCD生产基地，1997年4月开始施工建设，于1998年3月完工并开始生产彩色电视机，2004年TCL实施海外并购策略收购Thomson的彩电业务，工厂所在城市Zyrardow位于波兰共和国中心位置，占地面积10.5万平方米，主要建筑用地26517平方米，现有员工286人，由生产部、工程部、质量部、供应链管理部、财务部、人力资源部及特别项目7个部门组成

续表

国别	投资项目	涉及金额	项目描述
3. 波兰	鸿博清洁能源欧洲有限公司	2.7亿美元	鸿博清洁能源欧洲有限公司是鸿博集团有限公司于2016年7月投资成立的,主营LED产品,主要应用于家居、商业照明、道路工程、工矿厂房照明、景观装饰照明和屏幕显示等领域。项目总建设用地78000平方米,用于建设厂房、仓库、办公及研发设计中心等,一期建设面积约12500平方米,2017年8月正式完工 作为第一家在波兰进行绿地投资的中国企业,鸿博清洁能源欧洲有限公司在筹备阶段得到了中国有关政府部门的大力支持,得到了波兰奥波莱省政府、奥波莱市政府及工商界等各方面的关心和帮助
4. 捷克	杭州炬华科技公司收购捷克考诺尔集团旗下的Logarex公司		2016年2月,捷克考诺尔集团(Koh-i-noor)宣布,将旗下的Logarex智能电表公司出售给杭州炬华科技公司,但并未透露有关售价。考诺尔集团于2011年创立了Logarex智能电表公司,主要从事能源领域的测量及数据处理和传输工具(尤其是电表)的研发、生产和销售。自Logarex公司成立之初,杭州炬华科技公司就是其主要供货商 考诺尔集团以生产和销售学习文具而闻名,目前,该集团的业务还涉及保健用品、工程及能源领域
	万丰奥特控股集团向捷克通用航空领域注资	1亿美元	2016年6月,在捷克总理索博特卡访华期间,万丰奥特控股集团与捷克贸易局签署了开展通用航空领域投资合作的备忘录。索博特卡称,万丰将在一期项目中投资1亿美元,后续的投资总额可能还会增至2亿美元。另外,万丰还计划投资3000万美元成立一个捷克通用航空业的研发中心

续表

国别	投资项目	涉及金额	项目描述
4. 捷克	延锋汽车内饰公司在捷克建新厂		2016年4月,总部位于上海的延锋汽车内饰公司将在捷克西南部卢日尼采河畔的普拉纳镇建立工厂。新工厂预计可为当地提供约300个就业机会。新工厂的生产面积约为2万平方米,将主要为一些国际知名汽车品牌生产包括仪表盘和门板在内的内饰部件。该厂是延锋汽车内饰公司在捷克的第二家工厂,其第一家工厂位于捷西北部的扎泰茨镇
	京西重工在捷克设厂		2015年9月23日,京西重工在捷克海布市投资的新工厂破土动工,海布工厂是京西重工在欧洲的第三个工厂,将主要生产乘用车减震器。新厂房面积大约为1.5万平方米,计划雇佣约320名员工。新工厂在2016年5月底竣工。据京西重工的相关负责人介绍,该集团设在波兰克拉科夫的技术中心未来将作为主要的技术支持中心,服务于捷克的这一新工厂
	陕鼓动力收购捷克EKOL公司		2015年1月22日,西安陕鼓动力股份有限公司在捷克布尔诺市与捷克EKOL, spol. s. r. o. 公司正式签署股权转让协议。按照协议,陕鼓动力将分阶段购买EKOL公司股东所持有的100%的股权。在第一阶段公司将以支付现金的方式收购EKOL公司75%的股权,之后将分阶段通过行使期权的方式进一步收购EKOL公司剩余25%的股权。本次交易完成后,陕鼓动力将成为EKOL公司控股股东。双方将协力优势,围绕汽轮机、锅炉、EPC、系统服务四大业务进行联合研发、系统成套设计、销售、供应链、生产等价值链环节的业务整合,形成更具竞争力的市场能力

续表

国别	投资项目	涉及金额	项目描述
5. 斯洛伐克	中国南车集团收购德国工厂（含在斯洛伐克经营工厂）		中国南车集团下属株洲时代新材料公司于2014年9月收购了德国采埃孚集团（ZF Friedrichshafen AG）旗下的BOGE橡胶与塑料业务全部资产，包括其位于斯洛伐克特尔纳瓦州的汽车零配件厂。该工厂现有当地员工近700人，2013年销售额1亿欧元
6. 匈牙利	中国—中东欧投资合作基金收购电信公司Invitel	6880万美元	2017年1月，中国进出口银行旗下投资基金联合中东欧国家的机构投资者以6880万美元收购匈牙利电信公司Invitel集团。Invitel集团是匈牙利第二大固网电信和宽带互联网服务商，服务的家庭超过百万，包括住宅及企业级客户
	中国机械进出口集团投资考波什堡太阳能电厂	320亿匈牙利福林（1亿欧元）	2019年6月17日，中国机械进出口集团考波什堡100兆瓦光伏电站项目开工，该项目总建设资金约1亿欧元，目前是匈牙利最大的光伏电站项目。项目的施工将最大化使用匈牙利当地资源，项目并网运行后每年可发电1.3亿度，节约4.5万吨标准煤，减少12万吨二氧化碳排放
	比亚迪电动大巴和卡车匈牙利公司	3000万欧元	2016年10月10日，比亚迪在匈牙利外交与对外经济部举办的发布会上宣布在匈牙利北部城市科马罗姆建造大巴制造厂，以进一步加强双方在新能源领域的合作。这也是中国新能源品牌在欧洲投资兴建的第一座电动车工厂工厂投资金额为3000万欧元，产品主要为零排放纯电动大巴，雇佣300多名当地员工，在两班倒的情况下每年可组装大巴约400台。工厂将配有自己的研发中心和电池测试中心，还生产电动卡车、电动叉车、太阳能等配套新能源产品
	常州伟泰科技股份有限公司收购Hundec Kft	2500万欧元	该项目资金来源为常州伟泰科技股份有限公司业主自筹

续表

国别	投资项目	涉及金额	项目描述
6. 匈牙利	丰原索尔诺克生化股份有限公司		丰原索尔诺克生化股份有限公司是丰原集团与匈牙利国家开发银行合资设立的玉米深加工企业，丰原集团输出专有技术和成套生化设备，将利用当地丰富的原料资源，生产有机酸、淀粉糖及聚乳酸等产品。该项目所在地位于匈牙利的索尔诺克市，距首都布达佩斯东南约100公里处，是一个水运、空运、铁路运输的交通枢纽，项目区位优势明显。项目于2017年下半年建设实施，2019年正式投产
	中兴通讯与Telenor匈牙利关于网络建设项目合作	每年5000万美元	2011年底，中兴通讯与Telenor匈牙利联合发布首个覆盖全国的DC-HSPA+移动宽带网络。2013年3月，由中兴通讯独家部署的Telenor匈牙利LTE网络正式商用
	万华化学集团收购匈牙利宝思德化学		2011年，烟台万华收购匈牙利宝思德化学公司，实现了在竞争对手主要盈利区拥有生产基地的目标。经过努力，如今万华化学已经逐步使宝思德扭亏为盈，并在2017年实现业绩井喷，一举弥补了2008年经济危机以来的所有历史亏损，成为中东欧百强企业
	投资中欧商贸物流合作园区	2.64亿美元	中欧商贸物流合作园区设立于2012年，是根据国家商务部统一部署，由山东省政府承建、山东帝豪国际投资有限公司具体实施，按照"一区多园"的模式，在欧洲地区建设的首个国家级境外经贸合作区和首个国家级商贸物流型境外经贸合作区。中欧商贸物流合作园区规划总面积0.75平方公里，总投资2.64亿美元，目前已基本完成了"一区三园"的规划布局建设。中欧商贸物流合作园区目前已经引入包括商贸、物流行业在内的134家企业入驻并生产运营，分别来自中国和欧洲国家，区内从业人数约650人。目前，中欧商贸物流合作园区物流强度能力达到129.44万吨/平方公里·年，每年带动货物进出口贸易额2.45亿美元

续表

国别	投资项目	涉及金额	项目描述
7. 斯洛文尼亚	中国建筑工程总公司与斯洛文尼亚签署马里博尔机场扩建项目	6.6 亿欧元	2017 年 12 月 5 日，中国建筑工程总公司与斯洛文尼亚签署马里博尔机场扩建项目总承包框架协议，协议总金额 6.6 亿欧元 该项目位于斯洛文尼亚东北部马里博尔市，扩建范围包括航站楼、货运区、停机坪、滑行道、跑道、控制塔、储油罐和供油设施等，建成后将连接地处波罗的海—亚得里亚海走廊以及地中海走廊的区域交汇中心，成为中东欧南北以及西欧和东欧的重要航空、公路、铁路、海运以及港口交通枢纽。该项目为斯洛文尼亚国家和政府规划的重点项目，已被斯洛文尼亚政府列入中国—中东欧国家合作重点项目清单
	中国汉德资本（AGIC）收购斯洛文尼亚 Fotona 公司		2017 年 5 月，斯洛文尼亚激光医疗器械产品制造商福托纳（Fotona）公司在私有化三年后，转手出售给中国私募汉德（AGIC）资本。Fotona 公司 2014 年年初被一家美国专门从事医疗激光产品生产的 Technology4Medicine 公司购买，售价 1800 万欧元。此后，该公司的年均收益增长 23%，净利润几乎翻了四倍。2015 年，其收益收入增长 16%，达 3350 万欧元，净利润几乎翻了一番，达到 660 万欧元
	中国恒天集团与国际合作方联合收购斯洛文尼亚 TAM - DuraBus 客车公司		2013 年 4 月 26 日，中国恒天集团与国际合作方联合收购斯洛文尼亚 TAM - DuraBus 客车公司。TAM - Durabus 客车公司原为 TAM 客车公司，两年前因经营不善破产，2013 年由中国恒天集团及其合作伙伴联合收购，中方控股。收购完成后，该公司将致力于机场大巴、旅游大巴、中巴和底盘的生产及销售

续表

国别	投资项目	涉及金额	项目描述
8. 克罗地亚	北方国际合作股份有限公司投资塞尼风电项目	2.11 亿欧元	2017 年 11 月，中国北方国际合作股份有限公司与克罗地亚能源项目股份公司签署协议，收购后者 76% 的股权，并获得塞尼风电项目建设权和 25 年运营权 2019 年 11 月 20 日，塞尼风力发电项目开工。塞尼风电项目总装机 156MW，建成后预计年均发电 3400 小时，年发电量 5.3 亿度，计划 2 年安装完成
	佩列沙茨跨海大桥	4.2 亿欧元	佩列沙茨跨海大桥是一座设计总长 2440 米的斜拉桥，连接克罗地亚陆地南端和佩列沙茨半岛，预估总造价约 4.2 亿欧元，欧盟基金将承担 85% 的项目建设支出 2018 年 1 月 12 日，中国路桥公司联合体成功竞得佩列沙茨大桥及其连线一期工程项目，涉及金额约 2.8 亿欧元，合同工期 36 个月，是中克建交 26 年来最大的合作项目
	骆驼集团投资里马茨公司	3000 万欧元	2017 年 4 月 12 日，中国企业骆驼集团（Camel Group）和里马茨（Rimac）公司签署框架性投资协议。根据协议，骆驼集团将向里马茨公司投资 3000 万欧元，其中 2700 万欧元用于电动汽车，300 万欧元用于里马茨旗下的 Greyp 电动自行车
9. 罗马尼亚	宁波华翔电子在罗马尼亚建设汽车配饰工厂	3000 万美元	2016 年 9 月，中国华翔电子公司与 Hib Rolem Trim 公司签署增资 3000 万美元合同，拟在罗马尼亚投建新的汽车配饰工厂，新的工厂于 2017 年第一季度开工，2019 年完工，将为罗马尼亚提供 265 个就业岗位
	罗马尼亚中国文化中心	1700 万欧元	2019 年 3 月，中土集团罗马尼亚有限公司与布加勒斯特中国文化中心成功签署罗马尼亚布加勒斯特中国文化中心装修改造工程的施工承包合同。该项目是继丹麦哥本哈根、保加利亚索非亚中国文化中心后，又一个中国文化中心项目的成功落地

续表

国别	投资项目	涉及金额	项目描述
10. 保加利亚	比亚迪汽车与保加利亚 Bulmineral 能源公司成立合资公司 Autogroupmotors	3000 万欧元	比亚迪汽车与保加利亚 Bulmineral 能源公司于 2012 年 12 月 11 日签约成立合资公司 Autogroupmotors，在保加利亚组装生产电动公交车。组装厂位于保加利亚首都索非亚以西 50 公里的布雷兹尼克市 比亚迪汽车和 Bulmineral 各持新公司股份的 50%，中方主要提供技术、人员培训、售后服务，保方主要负责当地及国外市场的开拓和销售。合资公司一期投资额为 3000 万欧元，计划每月生产电动公交车 40—60 辆。本次投资是中国新能源汽车企业首次在保加利亚进行投资合作
	中国机械工程集团承建保加利亚瓦尔纳（Varna）港口基础设施开发工程	550 万美元	2019 年 4 月 12 日，中国机械工程集团与保加利亚瓦尔纳中心物流港口公司（Logistic Center Varna EAD）就保加利亚瓦尔纳港口建设项目签署了合同。合同金额约为 1.20 亿欧元根据合同，项目范围包括修建港口及配套设施。该公司作为总承包商，负责项目设计优化、供货、土建施工、安装、培训、调试和质保等工作。项目开始建设后工期为 36 个月
	保加利亚中国文化中心改造项目	200 万欧元	2017 年 11 月 23 日，索非亚中国文化中心揭牌仪式在索非亚举行。保加利亚中国文化中心改造项目由中国土木工程集团保加利亚有限公司负责承建，资金来源为中国政府财政拨款

续表

国别	投资项目	涉及金额	项目描述
11. 黑山	南北高速公路工程项目	11.1亿美元	2014年12月14日,由中国交通建设集团路桥工程有限责任公司承建的黑山共和国南北高速公路工程项目启动仪式在波德戈里察举行。南北高速南起巴尔港,北至博利亚雷,与塞尔维亚在建中的E763高速公路相连接。这是黑山的第一条高速公路,建成后将增强其巴尔港的竞争力,拉动本国及周边国家的经济发展,实现本地区的互联互通
	中土集团黑山铁路修复改造项目Kolasin-Kos段工程	700万欧元	2016年4月11日,中土集团公司就2015年10月26日签约的"黑山铁路修复改造项目Kolasin-Kos段工程"在项目现场Kolasin火车站举行了开工仪式。黑山Kolasin-Kos段铁路修复改造项目,中标金额为700万欧元,由欧洲复兴开发银行(EBRD)提供资金。工程内容主要包括:Kolasin-Kos段铁路全长9864.70米的路基处理、修补挡土墙等线下工程;更换道砟、木枕等轨道工程;接触网线、回流导线、地线等调整工程。设计施工均采用欧盟技术标准。该项目为中土集团公司在中东欧地区承揽的第一个铁路工程建设项目
12. 北马其顿	米拉蒂诺维奇—斯蒂普(Miladinovic-Stip)和基切沃—奥赫里德(Kicevo-Ohrid)高速公路项目	5.79亿欧元	由中国—中东欧国家合作100亿美元专项贷款支持的北马其顿米拉蒂诺维奇—斯蒂普(Miladinovic-Stip)和基切沃—奥赫里德(Kicevo-Ohrid)高速公路项目分别于2014年2月21日和22日举行开工仪式,项目由中国水电建设集团国际工程有限公司承建,两条公路合计长度约110公里,总耗资约6.37亿欧元。中方提供的优惠贷款约5.79亿欧元,期限20年
	科佳水电站项目	1.5亿美元	科佳水电站位于北马其顿首都斯科普里西南45公里处的特雷斯卡河上,是北马其顿重点工程,也是中水电公司近年来在欧洲地区实施的第一个项目。工程总投资1.7亿美元,工程目的在于首都防洪、提供工业用水、保证农业灌溉和饮用水和发电等,年发电可达1.56亿度

续表

国别	投资项目	涉及金额	项目描述
13. 爱沙尼亚	中信国际电讯收购 Linx 电信塔林中心及海底电缆		2017年2月2日，中信国际电讯集团有限公司全资拥有的中信国际电讯（信息技术）有限公司宣布已就收购 Linx 电信旗下电讯业务一事，取得监管部门批准，成功完成收购行动。此次收购项目包括 Linx 长达470公里、横跨波罗的海的海底光纤网络、位于莫斯科和爱沙尼亚首都塔林的网管中心，以及设于塔林的数据中心，该数据中心更是爱沙尼亚最大的互联网交换中心（TLL-IX）。上述项目覆盖增长潜力优厚的市场，包括俄罗斯、东欧、中亚区域
	航新科技收购爱沙尼亚航空维修 Magnetic 公司	4317 万欧元	2018年3月23日，广州航新科技拟通过全资子公司香港航新以现金方式收购 Magnetic MRO AS 100%股份，交易双方采用"锁箱机制"进行定价，固定收购总价为4317万欧元（约人民币3.34亿元）
14. 阿尔巴尼亚	温州矿山井巷公司承建阿尔巴尼亚布尔奇泽铬矿9号盲竖井项目	1000万元人民币	2017年6月25日，温州矿山井巷工程有限公司承建阿尔巴尼亚铬矿公司 ALBchrome 的"布尔奇泽铬矿9号盲竖井项目"举行开工仪式。该项目由阿尔巴尼亚 BALFIN 集团投资，总投资额约合1000万元人民币，温州矿山井巷工程有限公司负责矿山整体设计、施工并提供相应设备、技术及人员
	中国光大集团收购地拉那国际机场		2016年4月，中国光大控股有限公司宣布，其与富泰资产管理有限公司合营并专门投资于全球机场的公司 Keen Dynamics Limited（KDL），已签署收购地拉那国际机场的协议。交易完成后，KDL 将接管地拉那机场的特许经营权至2025年（阿尔巴尼亚政府批准后，经营权可延后2年至2027年）

附表　中国对中东欧部分投资或合作项目成果列表（截至2019年）　／　223

续表

国别	投资项目	涉及金额	项目描述
15. 拉脱维亚	华大智造拉脱维亚基地		2019年11月26日，深圳华大智造科技有限公司拉脱维亚基地在拉脱维亚首都里加正式开幕启用，旨在搭起中欧生命健康研究和产业合作桥梁。该基地位于拉脱维亚Lidostas园区，规模达7000平方米，包括产品生产中心、高通量测序中心、培训中心、物流中心等功能。除此之外，华大智造将基于该基地，搭建中欧生命健康研究和产业合作桥梁，加强生命科学研究、产业应用与标准建设等领域的创新合作，推动大型国际基因组项目合作，拉动中欧企业交流
16. 立陶宛	IBS投资立陶宛金融技术市场		2015年，香港IBS在维尔纽斯开展欧盟支付服务，并设立办事处，雇佣20位当地技术人员。
17. 希腊	比雷埃夫斯港	6.7亿美元	2010年，中远海运通过特许经营权接管了比雷埃夫斯港2号、3号集装箱码头的经营权。2016年，中远海运完成了对比雷埃夫斯港务局（PPA）67%股份的收购，成为整个比港的经营者。通过引进先进管理技术和经验，大幅增加集装箱业务，比港经营效率得到提高。截至目前，中远海运比港项目已经为希腊当地直接创造工作岗位3000多个，间接创造岗位1万多个，每年为当地带来直接经济贡献3亿欧元
	希腊MINOS光热项目	2.21亿欧元	2019年1月，中国能建葛洲坝国际公司与Nur-MOH Heliothermal S. A.公司签署希腊MINOS 50MW塔式光热发电项目EPC合同，成功开创了中西方企业在第三方市场合作的范例，为中国太阳能光热发电走向更广阔的国际市场打下了重要基础

续表

国别	投资项目	涉及金额	项目描述
17. 希腊	希腊色雷斯风电项目		2017年，国华投资欧洲新能源公司向希腊最大的综合性投资集团之一科佩鲁佐斯集团收购了包含四个风电场的"色雷斯项目"75%的股权 2019年11月15日，国华投资欧洲新能源公司与希腊COPELOUZOS集团在雅典完成色雷斯风电项目卡夫沃尼风电场股权交割。至此，色雷斯风电项目股权交割工作全部完成，标志着国华投资在欧洲的首个实体运营项目正式落地。目前，国华投资公司在希腊的风电装机容量达到7.82万千瓦，进一步积累了境外项目管理经验，为后续新项目的开发奠定了基础